17 NARRADORAS LATINOAMERICANAS

17 NARRADORAS LATINOAMERICANAS

Cecilia Absatz • Claribel Alegría
Isabel Allende
Rosario Ferré • Magali García Ramis
Isabel Garma
Liliana Heker • Clarice Lispector
Andrea Maturana
Viviana Mellet • Sylvia Molina
Carmen Naranjo
Montserrat Ordóñez • Cristina Peri Rossi
Elena Poniatowska
Mariella Sala • Milagros Socorro

C O E D I C I Ó N
L A T I N O A M E R I C A N A

17 NARRADORAS LATINOAMERICANAS

Antología de cuentos para jóvenes promovida y auspiciada por
CERLALC/UNESCO
Primera edición: 1996
Edición coordinada por Ediciones Huracán, Inc.
Dirección y edición: Carmen Rivera Izcoa
Asesor literario: Ramón Luis Acevedo
Diseño de portada y portadillas: José A. Peláez
Diagramación: Yvette Torres Rivera
Traducción del cuento "El primer beso": Marcelo Cohen

CONTENIDO

NOTA DE LOS EDITORES

A partir de la década de los ochenta, la mujer irrumpió en la literatura con una fuerza inusitada, hecho que es particularmente visible en el género de la narrativa. La Coedición Latinoamericana ha querido dar cuenta de este acontecimiento, al dedicar este volumen de cuentos a las narradoras de nuestra región.

Al seleccionar el material que integra este volumen tuvimos en cuenta dos criterios fundamentales. Primero, darles oportunidad —junto a las escritoras ya establecidas y consagradas por la crítica— a autoras más noveles. Nuestra búsqueda demostró que, aunque existen muchas narradoras jóvenes que vienen produciendo una literatura de gran calidad, son poco conocidas por no haber tenido acceso a los medios de publicación fuera de sus países respectivos. Segundo, procuramos escoger cuentos que por sus temas y tratamiento literario sean particularmente interesantes, aunque no exclusivamente, para los lectores jóvenes.

Los cuentos han sido organizados por orden alfabético de apellido de las autoras. Cada uno está precedido por una breve nota sobre su trayectoria literaria y unos comentarios sobre cómo ellas enfocan el oficio de escribir.

PRÓLOGO

No cabe la menor duda de que uno de los fenómenos más sobresalientes que se ha producido en la literatura latinoamericana actual ha sido el surgimiento y el avance al primer plano de un dinámico y valioso grupo de mujeres narradoras. Novelistas y cuentistas como Clarice Lispector, Isabel Allende, Luisa Valenzuela, Elena Poniatowska y Cristina Peri Rossi han obtenido una difusión y un reconocimiento internacional a veces comparable con los que recibieron en el pasado reciente los grandes escritores del "boom". Y junto a las más conocidas existe también un nutrido grupo de narradoras, provenientes de casi todos los países de Nuestra América y pertenecientes a varias promociones, que, aunque menos conocidas por razones de carácter editorial, también van adquiriendo renombre por la vigencia y la calidad de sus cuentos y novelas.

No se trata de una moda pasajera, sino de un hecho irreversible, resultado de hondos cambios históricos, culturales y sociales que van confiriendo a la mujer cada vez mayor presencia en todos los aspectos de la vida latinoamericana. En este proceso, la literatura y el arte han servido de punta de lanza.

Indudablemente la presencia femenina siempre ha sido parte de nuestras letras y bastarían sólo algunos nombres, como los de la mexicana Sor Juana Inés de la Cruz, la cubana Gertrudis Gómez de Avellaneda, la argentina Alfonsina Storni o la chilena Gabriela Mistral, para reconocerlo. Pero en el pasado la presencia femenina ha sido más bien excepcional y se ha concentrado principalmente en el terreno de la lírica. Las narradoras que lograban ser reconocidas, —María Luisa Bombal o Teresa de la Parra— eran relativamente pocas. No es que no existieran otras —como la chilena Marta Brunet, la brasileña Rachel de Queiroz o la costarricense Yolanda Oreamuno— sino que constituían la excepción y no la regla, sobre todo a la hora de ser consideradas como figuras principales situadas en la vanguardia de las letras latinoamericanas. Hoy día no se escatiman los reconocimientos y pocos pueden dudar de que la producción de este nutrido grupo de cuentistas y novelistas constituye parte esencial e imprescindible de la mejor narrativa que se escribe en Nuestra América. Su presencia es cada vez más decisiva y ha operado una verdadera renovación en este campo.

El auge de esta narrativa femenina no se debe únicamente a la calidad de sus obras, sino también a un profundo cambio en la estimativa literaria y a la necesidad de iluminar aspectos antes postergados o marginados de la experiencia y del mundo latinoamericano. Las narradoras aportan, sobre todo, una perspectiva distinta, complementaria de la naturaleza humana y de las relaciones interpersonales. Cualidades tradicionalmente propias de la escritura femenina, como la introspección, el lirismo, la fantasía y el erotismo, antes obliteradas por una estética criollista, realista o neorrealista, han avanzado a un primer plano, aun en los textos producidos por varones. Por fin la estimativa está a la par con la producción femenina y contamos con los instrumentos críticos y, sobre todo, con la sensibilidad como lectores para apreciar y valorar adecuadamente la narrativa escrita por mujeres.

Pero el signo "mujer" es también un signo cambiante y las escritoras, a medida que se enriquecen sus experiencias y se afianza su seguridad en la escritura, van abarcando otros predios, antes tradicionalmente reservados al hombre, vinculados a la vida pública, a la experiencia colectiva de nuestros países y del resto del mundo. Como feliz resultado, las fronteras entre la escritura "femenina" y la "masculina" se van desdibujando, esfumándose en la indefinición.

No se trata entonces de postular la existencia de una hipotética esencia femenina, eterna e invariable, basada en condiciones biológicas, psicológicas o lingüísticas, situada más allá de los contextos sociales, culturales e históricos, que, a su vez, produce inevitablemente un tipo particular y único de escritura. Esto constituiría una posición, en el fondo, injusta y limitante que condicionaría nuestra lectura de los relatos producidos por mujeres únicamente a destacar aspectos "femeninos". Sería otra forma, tal vez más sutil y aparentemente aceptable, de ubicar de nuevo la narrativa femenina en el espacio de la marginalidad.

No hay duda de que, en el pasado y en el presente, las narradoras han privilegiado y privilegian la experiencia, la condición y la perspectiva de la mujer como cantera temática y discursiva de sus cuentos y novelas. Se trata de un fenómeno perfectamente natural, explicable y hasta deseable, porque implica un inestimable enriquecimiento de nuestra experiencia como lectores. Por otro lado, responde a una motivación justa *de reivindicación, puesto que la mayor parte de las veces se trata precisamente de iluminar o cuestionar aspectos nocivos de la visión tradicional de "lo femenino". Se trata, en realidad, de iluminar zonas obliteradas de la experiencia y la condición humanas, más accesibles, por diversas razones, a la mujer.*

Sin embargo, la narrativa de las escritoras va mucho más allá y debe ser juzgada y leída, sobre todo, por su valor intrínseco. La lectura de estos textos exige amplitud por parte del lector. Hombre o mujer, debe superar viejas nociones, imágenes y preconceptos que resultan cada vez más inadecuados. Uno de estos preconceptos es el de acercarse a lo escrito por las mujeres buscando únicamente lo que se considera particularmente "femenino"; lo cual, dicho sea de paso, no hacemos con lo "masculino" en los relatos de los escritores varones.

La presente selección —hecha con un amplio público lector en mente— demuestra precisamente lo que hemos señalado. Abarca una amplia gama de países latinoamericanos, lo cual demuestra la importancia y la vigencia de las mujeres narradoras, no sólo en países como Argentina, Chile y Costa Rica, que se han destacado por la incorporación temprana de la mujer a las letras, sino a todo lo largo y ancho de Nuestra América. Se combina, además, autoras pertenecientes a diversas promociones que van desde aquellas que se iniciaron en las décadas del cincuenta y el sesenta —décadas claves en la renovación de la narrativa latinoamericana— hasta autoras recientes que inician su recorrido. Se alternan así, escritoras ya consagradas por la crítica y los lectores —como Clarice Lispector, Elena Poniatowska e Isabel Allende— con otras poco conocidas fuera de sus países de origen, pero cuya obra merece mayor difusión. El conjunto intenta ser fiel al fenómeno de la narrativa femenina contemporánea en sus múltiples dimensiones; pero el criterio esencial de la selección —hecha colectivamente por representantes de editoriales de diversos países y en cuyo proceso hemos tenido la oportunidad de participar— ha sido la calidad y la legibilidad de los cuentos.

Con un conjunto tan heterogéneo, es natural que exista una notable variedad temática y estilística; lo cual demuestra la riqueza de esta escritura femenina. No obstante, ciertos núcleos temáticos resultan privilegiados, La maternidad, la infancia, la adolescencia y las complejas relaciones entre el hombre y la mujer, sobre todo dentro de la relación amorosa, son algunos de ellos. Si bien estos temas corresponden a la escritura femenina tradicional —que se concentra en el espacio de la intimidad y las relaciones familiares— los relatos escritos por narradoras contemporáneas revelan las tensiones, las variantes y los conflictos producidos por imágenes y relaciones fluidas, cambiantes, abiertas. Se adelantan nuevas construcciones de lo "femenino" y lo "masculino" que van surgiendo del mundo latinoamericano actual. Esta renovación de los núcleos temáticos ya existentes se revela poderosamente en los cuentos de Isabel Allende, Magali García Ramis, Mariella Sala, Rosario Ferré y Milagros Socorro. En muchas ocasiones las autoras incursionan en zonas antes reservadas a la escritura "masculina".

La infancia y la adolescencia —aspectos privilegiados en esta antología que procura, aunque no exclusivamente, a un público joven— también se tratan de una manera original. El motivo del autodescubrimiento y el descubrimiento del otro y del mundo está muy presente en los relatos de Silvia Molina, Andrea Maturana, Montserrat Ordóñez y Cecilia Absatz; pero la infancia y la adolescencia se asumen, sobre todo, como perspectiva, a la vez limitada y excepcional, frente a la realidad, lo cual motiva en el lector un esfuerzo de comprensión y empatía. En ocasiones, como en el cuento de Cristina Peri Rossi, la perspectiva infantil —fresca, desinhibida, terriblemente franca— reta y confronta la mentalidad adulta convencional y termina por imponerse, provocando desconcierto.

Dentro de otros relatos se produce, además, un fenómeno de excepcional interés y complejidad que demuestra la amplitud que va adquiriendo la escritura de las mujeres. Entre ellos llaman poderosamente la atención los que se atreven asumir la experiencia y la perspectiva del hombre, como los relatos de Clarice Lispector, Carmen Naranjo, Elena Poniatowska y Viviana Mellet. Se produce aquí un curioso juego de espejos: la mujer escritora profundiza en la psicología masculina y desde ella nos presenta, con sentido crítico y empático, la construcción —a veces desconcertante, a veces comprensiva— de la imagen femenina. La mujer se mira en el espejo del hombre. El hombre contempla su imagen en la conciencia de la mujer.

Por último, aunque en estos cuentos se privilegia la intimidad sobre la colectividad, lo privado sobre lo público —tendencia generalizada en la narrativa latinoamericana actual— el amplio mundo latinoamericano, con sus luchas por el poder público y sus tensiones sociales, también está presente. Casi siempre se trata de una presencia marginal o subyacente, pero a veces pasa a ocupar un primer plano, como en los cuentos de Isabel Garma, Claribel Alegría y Liliana Heker. Mientras que Heker destaca las distancias sociales que se manifiestan en el plano de lo cotidiano, la *lucha política armada ocupa la atención de Garma y Alegría, ambas escritoras centroamericanas. Mediante la creación de un simpático personaje femenino, Alegría puntualiza la particular inserción de la mujer en los conflictos armados. Garma, por su parte, se inspira en la resistencia popular contra la violencia institucionalizada: la trágica desaparición de un pueblo, arrasado y borrado hasta de la memoria colectiva, y su final recuperación para la historia.*

En cuanto al oficio de escribir, nada tienen que envidiar estas narradoras a sus contrapartes masculinos, cuyo magisterio, ¿por qué no?, asimilan y encauzan hacia su propia escritura, colocándose a la par y entablando un diálogo creativo y constante. Llama la atención el pleno dominio de estrategias narrativas consagradas o innovadoras, así como el amplio registro discursivo que emplean con indudable efectividad.

Siendo así, el lector puede tener la plena confianza de que tiene en sus manos no sólo una muestra de la cuentística femenina actual; sino, además y sobre todo, una muestra de algunos de los mejores cuentos latinoamericanos escritos durante las últimas décadas.

Ramón Luis Acevedo
Universidad de Puerto Rico

CECILIA ABSATZ

La siesta

ARGENTINA

Foto: Graciela Ocampo

CECILIA ABSATZ nació en Buenos Aires, Argentina, en noviembre de 1943. Es traductora, diplomada por la American Translators Association, y ha publicado columnas en diversas revistas argentinas tales como *Claudia* y *Somos*. Es guionista, autora de telefilms y miniseries para la televisión, como la coproducción argentino-española *¿Dónde estás, amor de mi vida, que no te puedo encontrar?*, cuya versión novelada se publicará en España próximamente. El cuento "La siesta" forma parte del libro *Feiguele y otras mujeres*, publicado por Ediciones La Flor en 1976. Absatz ha publicado además las novelas *Té con canela* (1982), y *Los años pares* (1985). Su obra más reciente es el ensayo *Mujeres peligrosas, la pasión según el teleteatro* (1995).

El primer libro que se escribe suele ser una historia que uno tiene atravesada en la garganta: ponerla en palabras funciona como un exorcismo. Después es así: algunos escritores publican un libro por año, pase lo que pase. Otros escriben sólo cuando se les ocurre una idea. Pertenezco a este último grupo, y no me sobran las ideas: sólo cinco libros en treinta años.

Mi primer libro, *Feiguele*, es aquella historia atravesada en la garganta de la que hablaba hace un momento. *Té con canela* fue más que nada un tono, un tono divertido, insolente y sofisticado, que intenté llevar a un plano literario. *Los años pares* es más ambiciosa como novela y la idea contiene un relato de viajes y una investigación policial a partir de una minucia doméstica.

Después de eso no escribí más durante diez años. No se me ocurría ninguna idea y además tenía que ganarme la vida. Pero en diez años el negocio editorial cambió y ahora las editoriales te pagan un anticipo para que escribas un libro. De manera que escribí dos: *Mujeres peligrosas* y *¿Dónde estás, amor de mi vida, que no te puedo encontrar?*, donde me di el gusto, por fin, de escribir una novela de amor.

Comentarios de Cecilia Absatz para esta antología.

LA SIESTA

Hace calor. Qué calor que hace. Las baldosas del patio refrescan pero por un ratito nada más. Hay que echarse y al ratito correrse un poco para encontrar baldosas nuevas, fresquitas. No hay nadie, todos duermen o no están. Yo no puedo dormir, tengo mucho calor y otras cosas que no puedo explicar. Estoy en bombacha y nada más. Aprovecho que no está mamá que dice que ya soy grande para andar así, que si viene alguien, que tu hermano que tu padre. Estoy en bombacha y me miro al espejo. Vuelvo a acostarme sobre las baldosas y hago una especie de danza mirando al cielo blanco de la siesta. Fresquito en los talones, en las pantorrillas. En la parte de atrás de las rodillas no se puede. Los muslos, la cola (la cola todo el tiempo). La cintura y la cola, de un costado y del otro. Me siento rara. Al llegar a la espalda ya me aburrí. Hace demasiado calor para moverse.

Voy a ir a buscarlo a Luisito.

(Luisito comparte conmigo la cuadra desde que puedo recordar. También los juegos, las incursiones a la cocina a preparar panqueques de dulce de leche con campeonatos de revoleo por el aire, y el cine Rivoli con las tres películas y la pizza después.) (A Luisito le dicen maricón porque está siempre conmigo y juega a disfrazarse y a bailar.) (Pero no es maricón: un día me dio un beso todo pegajoso. Como no nos gustó ni a él ni a mí, no lo repetimos.)

Voy a ir a la casa de Luisito a ver qué hacemos.

La casa de Luisito es una zapatería con un vestíbulo. En los años que fuimos amigos casi nunca entré a la habitación de adentro, donde dormían los padres. La casa de Luisito era el vestíbulo, fresco y humilde con un sofá que a la noche se convertía en dos camas para él y su hermano Salo, y dos sillones de un cuerpo.

También había una escalera que no llevaba a ninguna parte. Era para "cuando construyamos".

Me pongo algún vestido encima y camino los veinte metros que me separan de Luisito. La calle, el barrio, el mundo, todo había muerto de calor.

Abro sin llamar, como siempre —creo que igual no había timbre— y me encuentro con lo último que hubiera esperado: Luisito, el papá de Luisito, la mamá de Luisito, y el hermano de Luisito, muy correctos todos, conversando con un señor y una señora nuevos. Me quedo inmóvil sin entender nada.

Los tíos de Tucumán. Vinieron los tíos de Tucumán. Mirá qué bien. Hago ademán de irme, pero la tía quiere conocer a la amiguita de Luisito y me invitan con un poco de Komari con soda. Es agrio, pero no lo digo porque todos estamos muy prolijitos hablando de la escuela y todo eso. Salo se levanta del sillón y me lo ofrece y él se queda de pie —al lado, un poco más atrás con la mano apoyada en el borde superior del respaldo. Todos conversamos. En el vestíbulo está fresco.

Estoy sintiendo una cosa pero no estoy segura.

Debe ser una impresión mía. El calor. O no, no sé. Por las dudas me quedo muy quieta. Alguien me está hablando y yo no escuché. ¿Cómo? Ah, sí. Vivo en la esquina. No, esto no es una impresión mía. Está sucediendo: es una cosquilla, muy leve, muy leve, que me nace en la nuca, debajo del cabello. Un bichito chiquitito que me hace una caricia, se me entra por la espalda, me recorre toda la espalda, me trae un calor pero distinto, algo nuevo, terrible, no lo puedo resistir...

Es Salo que me está acariciando la nuca. No baja de ahí pero baja. La piel me está gritando cosas de todos los colores, tengo hormigas que me caminan entre las piernas, tengo algodón en el fondo de la boca, ya no veo nada.

Ellos siguen conversando.

Siento que la cara me está ardiendo y que todos se van a dar cuenta de lo que me pasa. No me atrevo a girar la cabeza para mirarlo a Luisito. Tengo miedo de que se descubra la mano de Salo acariciándome. Empiezo a ver todo nublado y ya no escucho lo que hablan. Tengo pájaros revoloteando dentro de mi vientre. Las hormigas ahora están en las axilas. Estoy absolutamente quieta, sorda y ciega. Por fuera.

Por dentro tengo un demonio, siete infiernos y mil tormentas. Tengo savia, torrentes y manantiales fluyendo entre las piernas.

La invasión de las hormigas es total. Me están devorando. Tengo las palmas de las manos mojadas, mojados los ojos, mojadas las piernas. Tengo un hombre acariciándome la nuca, y hace tanto calor.

Una ráfaga de aire frío interrumpe el íntimo incendio. Salo fue a servir más Komari, el ventilador me miró. Lentamente empiezo a recobrar el oído. Y la vista. Todo sigue igual. Se habla de Tucumán. Luisito no se dio cuenta de nada.

Me levanto como puedo y aunque me propongo exactamente lo contrario, entro al dormitorio, y aunque me da vergüenza enfrentarme a Salo, le acerco mi vaso, y aunque no lo miro, él me levanta la cabeza con una mano y me pregunta:

—¿Nunca te besaron en la boca?

Tengo miedo de hablar porque sé que la voz no me va a salir bien y entonces niego con la cabeza.

—Claro, sos chica, reflexionó.

Y al rato: —Mañana se van todos a Morón y me quedo solo. Vení que te voy a besar en la boca.

Hago como que no oigo o no entiendo, o en última instancia no me importa, y me vuelvo al vestíbulo con el vaso de Komari que ahora me satisface porque aunque es agrio está frío. Saludo a todos y me voy.

Vuelvo a casa y ya no me atrevo a tirarme sobre las baldosas. Ahora ya hay más ruido en la casa y en resumen, tengo miedo de que se me vaya la sensación que tengo en todo el cuerpo. El resto del día no hago nada más que asombrarme porque cada vez que recuerdo lo que pasó me aparece un apretón en el vientre que se diluye por los muslos. Y lo recuerdo otra vez y otra vez aparece el apretón y me gusta y así de algún modo me voy a dormir a la noche y me duermo abrazada a la almohada que ahora se llama Salo y que por suerte es bastante larga y puedo abrazarla con los brazos y con las piernas. Bien fuerte.

Toda la mañana me propongo no ir. No porque no quiera. Lo que no quiero es que él sepa que estoy así por él. Ya casi estoy convencida de no ir en el almuerzo, hasta que todos desaparecen a la siesta.

Otra vez hace calor. Qué calor que hace otra vez. Pero hoy tengo un apretón en el vientre y no me atrevo a tirarme sobre las baldosas.

Pienso, pienso un ratito y en seguida me doy cuenta de que Luisito tiene mi compás, y que si voy a buscar el compás a lo mejor no se nota tanto para qué voy.

Aunque sí se nota. Pero no puedo ir, abrir la puerta y decirle: acá estoy, besame en la boca. Voy a buscar el compás que es lo mejor. Voy y abro la puerta. Él está acostado escuchando la novela por la radio, (a él no le dicen maricón aunque escucha la novela por la radio, pero a él no le gusta bailar ni representar y tampoco se le falsea la voz como a Luisito). Él es grande, ya tiene 16 años.

Como si nada hubiera pasado me pongo a mirar en la repisa: "Luisito tiene un compás mío, ¿no lo viste? Lo necesito". No miro nada, no busco nada, nada en el mundo me importa menos que el compás. Trato de hablar fuerte para que él no escuche los ruidos que tengo por dentro: los del corazón, como en las novelas, pero otros que nunca están en las novelas, ruiditos de la panza, ruiditos de la garganta al tragar con tanta dificultad saliva y una repentina, terrible necesidad de ir al baño. Lo peor.

Todo se detiene cuando él por fin me agarra del brazo y me hace sentar al lado de él y me dice "después lo buscás". Tengo vergüenza de mirarlo y él se está sonriendo. Lo mataría. O por lo menos me iría si pudiera. Si quisiera. Pero lo último que quiero en el mundo es irme.

—Así que nunca te besaron en la boca.

Boca me sonaba a mala palabra. Hubiera preferido que dijera "en los labios". Pero dice boca como a propósito y me mira la boca y entonces yo me siento incómoda y me salen muecas porque él me mira la boca.

Me toma el mentón y lentamente, lentamente me atrae la cara hacia la de él. Yo pienso a toda velocidad: abro los ojos o los cierro cómo era en las películas cierro la boca o la abro en las películas las abren pero cuando uno da un beso junta los labios y los aprieta en las películas abrirán los labios porque los actores no se conocen o no sé por qué pero tengo que decidirme ya mismo, él tiene los ojos cerrados yo los cierro qué hago con la boca yo la cierro siempre que di un beso lo di con la boca cerrada bueno ya me toca la cierro y listo.

Junta sus labios a los míos y yo todo lo que siento es unos labios junto a los míos. Por las dudas abro los ojos y veo una parte de techo, torcido por la inclinación de mi cabeza, después un pedazo de puerta con vidrio esmerilado y por último su cara con los ojos cerrados y expresión absurda. Quién es este señor.

Se separa casi enojado y me dice: —¿Por qué no abrís los labios? Estúpida, estupida y estúpida. Si en las películas abren los labios debe ser porque se besa con los labios abiertos. Me avergüenzo y no puedo justificarme. No es más que ignorancia y él se da cuenta.

—Vení —ahora me abraza— pero abrí los labios.

Abro los labios tímidamente y mi boca hueca se encuentra con otra boca hueca y no me resisto a abrir los ojos otra vez. Esto es horrible. Salo se aparta. Está enojado.

De pronto me agarra de un brazo, me aprieta fuerte y me besa ahora furioso y me mete la lengua bien adentro de mi boca y me empiezan a renacer los demonios y me tiembla todo el cuerpo y me abandono y escucho sinfonías desafinadas y violentas y me vibra el vientre, ya no tengo ganas de ir al baño ni pienso en las futuras siestas de besos, de Luisito sospechando y espiando, de empezar a conocer el sentido del pecado, de sentir cada pedazo de cuerpo gritar desesperado, de Luisito peleándose a trompadas con Salo, de tener la certera percepción de cambio dentro de la piel y de saber que todo queda ahí y sólo se apaga en casa, de noche, con la complicidad de la almohada. Y después Salo se aparta.

Entonces me tengo que ir. Me olvidé del compás y casi no lo saludo porque me da vergüenza, y camino muy derecha hasta casa.

CLARIBEL
ALEGRÍA

La abuelita
y el Puente de Oro

EL SALVADOR

CLARIBEL ALEGRÍA nació en Nicaragua en 1924; sin embargo, se considera salvadoreña porque reside en ese vecino país desde recién nacida. A los 18 años se trasladó a los Estados Unidos, donde se doctoró en Filosofía y Letras. Allí conoció a su mentor poético, el fenecido Juan Ramón Jiménez. Bajo su estímulo y dirección publicó Claribel su primer libro de poemas. Hoy día tiene publicados unos 14 libros de poemas, entre los que se destacan *Acuario, Huésped de mi tiempo, Aprendizaje y Sobrevivo.* También ha publicado varias novelas cortas, como *Pueblo de Dios y mandinga, El retén* y *Álbum familiar.* Ha escrito seis libros de testimonio en colaboración con su marido, Darwin J. Flakoll, entre los que figuran *No me agarran viva* y *Somoza: expediente cerrado.* También en unión a su marido escribió la novela histórica *Cenizas de Izalco,* publicada en Barcelona en 1964. El cuento escogido para esta antología proviene del libro *Luisa en el país de las realidades.*

Yo no sé cuándo descubrí la poesía, creo que más bien ésta me acompañó siempre. Cuando todavía no sabía escribir, le dictaba poemas a mi mamá, escribe eso, le decía. Sentía necesidad de cantarle a mis muñecas, a mi perro, a las estrellas. Le tengo terror al olvido. Me impresionó mucho algo que mi madre me dijo cuando era chica: "Reza por los que se han muerto, porque si los olvidas, quedan en el limbo". Me dio terror el limbo y me pregunté, ¿qué puedo hacer yo para que no me olviden? Por eso escribo. Escribir es también mi arma secreta para ganar cariño y una forma de ponerle orden a mi caos, al caos de la vida.

Este es un oficio como otro cualquiera: es como ser fontanero, electricista o mecánico. Requiere que se trabaje a diario, con gran disciplina. Hay que comprometerse en serio: jugarse la vida. Juan Ramón Jiménez me inculcó que el escritor tiene que estar siempre leyendo o escribiendo. Robert Graves me dijo, por su parte, que el poeta debe estar siempre en estado de gracia, es decir, en comunicación con su poesía. Pero la lectura también es importante porque ayuda a descubrir otro universo. Enseña a ahondar en la realidad que uno vive y a descubrir otras realidades.

Comentarios de Claribel Alegría para esta antología.

La abuelita y el Puente de Oro

Manuel tenía una cantidad infinita de anécdotas acerca de su abuela loca que tenía una choza y un terrenito a medio kilómetro del Puente de Oro.

—Era loca, pero muy emprendedora —sonrió—, estaba orgullosa de su gran puente colgado sobre el Lempa. "Mi puentecito", le decía.

Manuel era dirigente de una organización de campesinos salvadoreños que había venido a Europa a dar una serie de charlas.

—¿Qué tenía de loca? —preguntó Luisa.

—Bueno, desde que prendió la guerra, el ejército puso retenes a cada extremo del puente para protegerlo. A mi abuela se le ocurrió que iba a hacer fortuna sirviéndole de cocinera a la tropa. Cada mañana se levantaba a las cuatro, para cocinar frijoles, echar tortillas y hacer una olla de arroz. Ponía todo en su carretilla y se iba a servirles el desayuno a los soldados del lado más cercano. Después cruzaba el puente, casi dos kilómetros, ¿se imagina?, para darles el desayuno a los del otro lado. De allí se iba a su casa a prepararles el almuerzo y otra vez a empujar la carretilla.

—Muy enérgica, pero de loca nada —observó Luisa.

—La locura era que les cobraba tan barato por una comida tan rica y tan abundante, que no ganaba nada. Por si eso fuera poco, después de que los compas volaron "su puente" se le ocurrió teñirse el pelo de colorado.

—¿Cómo? —lo miró Luisa incrédula.

—Hubo un enfrentamiento bien tremendo antes de que los compas lo volaran. Tuvieron que aniquilar a los retenes de los dos lados para que el equipo de zapadores pudiera colocar los explosivos. En la refriega cayó un compa y le encontraron el plano de las trincheras defensivas, los nidos de ametralladoras y el número exacto de efectivos instalados a cada lado. Días después una señora del mercado le advirtió a mi abuela que la guardia buscaba a la cocinera de la tropa. Lo único que se le ocurrió a la bendita señora fue conseguir achiote y un lápiz de labios y regresar a su finquita. Una pareja de guardias se apareció al día siguiente preguntando por ella. Mi abuela sin inmutarse les dijo:

—Debe ser la vieja a la que le alquilé la finca hace una semana. La voladura del puente le destrozó los nervios y me dijo que se iba a San Vicente, donde estaba su hija.

—¿Y usted quién es? —le preguntaron los guardias.

—Soy la respetable dueña de una casa de placer en Suchitoto —les respondió—, pero con los subversivos hostigando el cuartel constantemente, se me acabó la clientela y tuve que jubilarme. Así es la guerra —suspiró.

Luisa y Manuel se echaron a reír y Manuel prosiguió:

—La historia no termina allí. Unas semanas después me encontraba en un campamento, a la orilla del río Lempa, cuando veo venir a mi abuelita pelirroja remando fuerte contra la corriente en una lanchita llena de canastas.

—Vendo jocotes, papaya, limones, naranja dulce, ¿quién me compra? —pregonaba.

—Hola, Mamá Tancho —la saludó el primer responsable. Como no sabía que era mi abuela, me dijo:

—Ésa es la vieja que nos facilitó los planos para el ataque al Puente de Oro.

Le ayudamos a amarrar la lanchita debajo de un árbol y me abrazó quejándose.

—Ay, Memito —me dijo—, cada día esos babosos me hacen la vida más difícil. Desde que volaron el puente, todos los días tengo que venir remando hasta aquí.

El jefe guerrillero le preguntó riéndose:

—¿Y qué más nos traés, Mamá Tancho?

Ella quitó una capa de mangos de una de las canastas y siguió cantando con su voz de pregonera:

—Granadas de fragmentación, cartuchos para G-3, obuses de mortero 81. ¿Quién me compra?

ISABEL ALLENDE

Cartas de amor traicionado

CHILE

Foto: Carlos Montalvo

ISABEL ALLENDE nació en Chile en 1942. Es periodista de profesión, oficio que ejerció desde los 17 años, primero en Chile y más tarde en Venezuela. De niña quiso ser bailarina y hasta audicionó junto a una amiga y su perro Fifí para ser estrella del "bim bam boom". Pero afirma que debido a su falta de "atributos", se decidió por su segunda opción: la literatura. Allende ha reiterado que su futuro como escritora realmente se marcó en 1973, el día del golpe militar que derrocó al presidente chileno Salvador Allende. Ese hecho motivó su salida de Chile, y al radicarse en Venezuela, sintió la necesidad de contar la historia de su familia. Escribió una larga carta para su abuelo, que se publicó en 1982, con el nombre *La casa de los espíritus*, su primera novela. A ésta le siguieron *De amor y de sombra* (1984), *Eva Luna* (1988), *Cuentos de Eva Luna* (1991), *El plan infinito* (1993), y *Paula* (1994).

Mi vida se marcó el día del golpe militar. Fue una crisis tan brutal que fue como un hachazo que cortó mi vida en dos partes. La escritura, la ficción, nació después, como una necesidad de recuperar lo perdido. Ahora que miro para atrás, digo: eran las raíces que buscaba. Buscaba un territorio seguro que yo pudiera llevar conmigo, donde plantar las raíces, como un pote de tierra donde meterme. Eso fue la escritura; ahí he ido plantando recuerdos, memorias, pensamientos; todo lo que yo soy como ser humano se ha ido volcando en esas páginas que escribo. Siempre digo que para mí la escritura es un ejercicio de sobrevivencia. Es lo que me salva a veces de la locura, a veces de la depresión, a veces del suicidio.

Yo creo que la humanidad tiene necesidad de historias. Las historias son a la sociedad lo que los sueños son al individuo. Si nosotros como seres humanos no soñamos, nos volvemos locos. El sueño despeja la mente, el ruido, ordena simbólicamente; revela secretos, nos enseña sobre nosotros mismos. El cuento, la historia, la narración, tienen el mismo efecto a nivel colectivo.

Yo siento que el escribir es una celebración de la vida. Son las ganas de contar, de contar las historias de los demás, de comunicarse.

Extractos de una entrevista a Isabel Allende publicada en la revista A propósito, Año 4, Núm. 4, marzo de 1995, San Juan.

L a madre de Analía Torres murió de una fiebre delirante cuando ella nació y su padre no soportó la tristeza y dos semanas más tarde se dio un tiro de pistola en el pecho. Agonizó varios días con el nombre de su mujer en los labios. Su hermano Eugenio administró las tierras de la familia y dispuso del destino de la pequeña huérfana según su criterio. Hasta los seis años Analía creció aferrada a las faldas de un ama india en los cuartos de servicio de la casa de su tutor y después, apenas tuvo edad para ir a la escuela, la mandaron a la capital, interna en el Colegio de las Hermanas del Sagrado Corazón, donde pasó los doce años siguientes. Era buena alumna y amaba la disciplina, la austeridad del edificio de piedra, la capilla con su corte de santos y su aroma de cera y de lirios, los corredores desnudos, los patios sombríos. Lo que menos la atraía era el bullicio de las pupilas y el acre olor de las salas de clases. Cada vez que lograba burlar la vigilancia de las monjas, se escondía en el desván, entre estatuas decapitadas y muebles rotos, para contarse cuentos a sí misma. En esos momentos robados se sumergía en el silencio con la sensación de abandonarse a un pecado.

Cada seis meses recibía una breve nota de su tío Eugenio recomendándole que se portara bien y honrara la memoria de sus padres, quienes habían sido dos buenos cristianos en vida y estarían orgullosos de que su única hija dedicara su existencia a los más altos preceptos de la virtud, es decir, entrara de novicia al convento. Pero Analía le hizo saber desde la primera insinuación que no estaba dispuesta a ello y mantuvo su postura con firmeza simplemente para contradecirlo, porque en el fondo le gustaba la vida religiosa. Escondida tras el hábito, en la soledad última de la renuncia a cualquier placer, tal vez podría encontrar paz perdurable, pensaba; sin embargo su instinto le advertía contra los consejos de su tutor. Sospechaba que sus acciones estaban motivadas por la codicia de las tierras, más que por la lealtad familiar. Nada proveniente de él le parecía digno de confianza, en algún resquicio se encontraba la trampa.

Cuando Analía cumplió diecisiete años, su tío fue a visitarla al colegio por primera vez. La Madre Superiora llamó a la muchacha a su oficina y tuvo que presentarlos, porque ambos habían cambiado mucho desde la época del ama india en los patios traseros y no se reconocieron.

—Veo que las Hermanitas han cuidado bien de ti, Analía —comentó el tío revolviendo su taza de chocolate—. Te ves sana y hasta bonita. En mi última carta te notifiqué que a partir de la fecha de este cumpleaños recibirás una suma mensual para tus gastos, tal como lo estipuló en su testamento mi hermano, que en paz descanse.

—¿Cuánto?

—Cien pesos.

—¿Es todo lo que dejaron mis padres?

—No, claro que no. Ya sabes que la hacienda te pertenece,

pero la agricultura no es tarea para una mujer, sobre todo en estos tiempos de huelgas y revoluciones. Por el momento te haré llegar una mensualidad que aumentaré cada año, hasta tu mayoría de edad. Luego veremos.

—¿Veremos qué, tío?

—Veremos lo que más te conviene.

—¿Cuáles son mis alternativas?

—Siempre necesitarás a un hombre que administre el campo, niña. Yo lo he hecho todos estos años y no ha sido tarea fácil, pero es mi obligación, se lo prometí a mi hermano en su última hora y estoy dispuesto a seguir haciéndolo por ti.

—No deberá hacerlo por mucho tiempo más, tío. Cuando me case me haré cargo de mis tierras.

—¿Cuando se case, dijo la chiquilla? Dígame, Madre, ¿es que tiene algún pretendiente?

—¡Cómo se le ocurre, señor Torres! Cuidamos mucho a las niñas. Es sólo una manera de hablar. ¡Qué cosas dice esta muchacha!

Analía Torres se puso de pie, se estiró los pliegues del uniforme, hizo una breve reverencia más bien burlona y salió. La Madre Superiora le sirvió más chocolate al caballero, comentando que la única explicación para ese comportamiento descortés era el escaso contacto que la joven había tenido con sus familiares.

—Ella es la única alumna que nunca sale de vacaciones y a quien jamás le han mandado un regalo de Navidad —dijo la monja en tono seco.

—Yo no soy hombre de mimos, pero le aseguro que estimo mucho a mi sobrina y he cuidado sus intereses como un padre. Pero tiene usted razón, Analía necesita más cariño, las mujeres son sentimentales.

Antes de treinta días el tío se presentó de nuevo en el colegio, pero en esta oportunidad no pidió ver a su sobrina, se limitó a notificarle a la Madre Superiora que su propio hijo deseaba mantener correspondencia con Analía y a rogarle que le hiciera llegar las cartas a ver si la camaradería con su primo reforzaba los lazos de la familia.

Las cartas comenzaron a llegar regularmente. Sencillo papel blanco y tinta negra, una escritura de trazos grandes y precisos. Algunas hablaban de la vida en el campo, de las estaciones y los animales, otras de poetas ya muertos y de los pensamientos que escribieron. A veces el sobre incluía un libro o un dibujo hecho con los mismos trazos firmes de la caligrafía. Analía se propuso no leerlas, fiel a la idea de que cualquier cosa relacionada con su tío escondía algún peligro, pero en el aburrimiento del colegio las cartas representaban su única posibilidad de volar. Se escondía en el desván, no ya a inventar cuentos improbables, sino a releer con avidez las notas enviadas por su primo hasta conocer de memoria la inclinación de las letras y la textura del papel. Al principio no las contestaba, pero al poco tiempo no pudo dejar de hacerlo. El contenido de las cartas se fue haciendo cada vez más útil para burlar la censura de la Madre Superiora, que abría toda la correspondencia. Creció la intimidad entre los dos y pronto lograron ponerse de acuerdo en un código secreto con el cual empezaron a hablar de amor.

Analía Torres no recordaba haber visto jamás a ese primo que se firmaba Luis, porque cuando ella vivía en casa de su tío el muchacho estaba interno en un colegio en la capital. Estaba segura de que debía ser un hombre feo, tal vez enfermo o contrahecho, porque le parecía imposible que a una sensibilidad tan profunda y una inteligencia tan precisa se sumara un aspecto atrayente. Trataba de dibujar en su mente una imagen del primo: rechoncho como su padre con la cara picada de viruelas, cojo y medio calvo; pero mientras más defectos le agregaba más se inclinaba a amarlo. El brillo del espíritu era lo único importante, lo único que resistiría el paso del tiempo sin deteriorarse e iría creciendo con los años, la belleza de esos héroes utópicos de los cuentos no tenía valor alguno y hasta podía convertirse en motivo de frivolidad, concluía la muchacha, aunque no podía evitar una sombra de inquietud en su razonamiento. Se preguntaba cuánta deformidad sería capaz de tolerar.

La correspondencia entre Analía y Luis Torres duró dos años, al cabo de los cuales la muchacha tenía una caja de sombrero llena de sobres y el alma definitivamente entregada. Si cruzó por su mente la idea de que aquella relación podría ser un plan de su tío para que los bienes que ella había heredado de su padre pasaran a manos de Luis, la descartó de inmediato, avergonzada de su propia mezquindad. El día en que cumplió dieciocho años, la Madre Superiora la llamó al refectorio porque había una visita esperándola. Analía Torres adivinó quién era y estuvo a punto de correr a esconderse en el desván de los santos olvidados, aterrada ante la eventualidad de enfrentar por fin al hombre que había imaginado por tanto tiempo. Cuando entró en la sala y estuvo frente a él necesitó varios minutos para vencer la desilusión.

Luis Torres no era el enano retorcido que ella había construido en sueños y había aprendido a amar. Era un hombre bien plantado, con un rostro simpático de rasgos regulares, la boca todavía infantil, una barba oscura y bien cuidada, ojos claros de pestañas largas, pero vacíos de expresión. Se parecía un poco a los santos de la capilla, demasiado bonito y un poco bobalicón. Analía se repuso del impacto y decidió que si había aceptado en su corazón a un jorobado, con mayor razón podía querer a este joven elegante que la besaba en una mejilla dejándole un rastro de lavanda en la nariz.

Desde el primer día de casada Analía detestó a Luis Torres. Cuando la aplastó entre las sábanas bordadas de una cama demasiado blanda, supo que se había enamorado de un fantasma y que nunca podría trasladar esa pasión imaginaria a la realidad de su matrimonio. Combatió sus sentimientos con determinación, primero descartándolos como un vicio y luego, cuando fue imposible seguir ignorándolos, tratando de llegar al fondo de su propia alma para arrancárselos de raíz. Luis era gentil y hasta divertido a veces, no la molestaba con exigencias desproporcionadas ni trató de modificar su tendencia a la soledad y al silencio. Ella misma admitía que con un poco de buena voluntad de su parte podía encontrar en esa relación cierta felicidad, al menos tanta como hubiera obtenido tras un hábito de monja. No tenía motivos precisos para esa extraña repulsión por el hombre que había amado por dos años sin conocer. Tampoco lograba poner en palabras sus emociones, pero si hubiera podido hacerlo no habría tenido a nadie con quien comentarlo. Se sentía burlada al no poder conciliar la imagen del pretendiente epistolar con la de ese marido de carne y hueso. Luis nunca mencionaba las cartas y cuando ella tocaba el tema, él le cerraba la boca con un beso rápido y alguna observación ligera sobre ese romanticismo tan poco adecuado a la vida matrimonial, en la cual la confianza, el respeto, los intereses comunes y el futuro de la familia importaban mucho más que una correspondencia de adolescentes. No había entre los dos verdadera intimidad. Durante el día cada uno se desempeñaba en sus quehaceres y por las noches se encontraban entre las almohadas de plumas, donde Analía acostumbrada a su camastro del colegio creía sofocarse. A veces se abrazaban de prisa, ella inmóvil y tensa, él con la actitud de quien cumple una exigencia del cuerpo porque no puede evitarlo. Luis se dormía de inmediato, ella se quedaba con los ojos abiertos en la oscuridad y una protesta atravesada en la garganta. Analía intentó diversos medios para vencer el rechazo que él le inspiraba, desde el recurso de fijar en la memoria cada detalle de su marido con el propósito de amarlo por pura determinación, hasta el de vaciar la mente de todo pensamiento y trasladarse a una dimensión donde él no pudiera alcanzarla. Rezaba para que fuera sólo una repugnancia transitoria, pero pasaron los meses y en vez del alivio esperado creció la animosidad hasta convertirse en odio. Una noche se sorprendió soñando con un hombre horrible que la acariciaba con los dedos manchados de tinta negra.

Los esposos Torres vivían en la propiedad adquirida por el padre de Analía cuando ésa era todavía una región medio salvaje, tierra de soldados y bandidos. Ahora se encontraba junto a la carretera y a poca distancia de un pueblo próspero, donde cada año se celebraban ferias agrícolas y ganaderas. Legalmente Luis era el administrador del fundo, pero en realidad era el tío Eugenio quien cumplía esa función, porque a Luis le aburrían los asuntos del campo. Después del almuerzo, cuando padre e hijo se instalaban en la biblioteca a beber coñac y jugar dominó, Analía oía a su tío decidir sobre las inversiones, los animales, las siembras y las cosechas. En las raras ocasiones en que ella se atrevía a intervenir para dar una opinión, los dos hombres la escuchaban con aparente atención, asegurándole que tendrían en cuenta sus sugerencias, pero luego actuaban a su amaño. A veces Analía salía a galopar por los potreros hasta los límites de la montaña deseando haber sido hombre.

El nacimiento de un hijo no mejoró en nada los sentimientos de Analía por su marido. Durante los meses de la gestación se acentuó su carácter retraído, pero Luis no se impacientó, atribuyéndolo a su estado. De todos modos, él tenía otros asuntos en los cuales pensar. Después de dar a luz, ella se instaló en otra habitación, amueblada solamente con una cama angosta y dura. Cuando el hijo cumplió un año y todavía la madre cerraba con llave la puerta de su aposento y evitaba toda ocasión de estar a solas con él, Luis decidió que ya era tiempo de exigir un trato más considerado y le advirtió a su mujer que más le valía cambiar de actitud, antes que rompiera la puerta a tiros. Ella nunca lo había visto tan violento. Obedeció sin comentarios. En los siete años siguientes la tensión entre ambos aumentó de tal manera que terminaron por convertirse en enemigos solapados, pero eran personas de buenos modales y delante de los demás se trataban con una exagerada cortesía. Sólo el niño sospechaba el tamaño de la hostilidad entre sus padres y despertaba a medianoche llorando, con la cama mojada. Analía se cubrió con una coraza de silencio y poco a poco pareció irse secando por dentro. Luis, en cambio, se volvió más expansivo y frívolo, se abandonó a sus múltiples apetitos, bebía demasiado y solía perderse por varios días en inconfesables travesuras. Después, cuando dejó de disimular sus actos de disipación, Analía encontró buenos pretextos para alejarse aún más de él. Luis perdió todo interés en las faenas del campo y su mujer lo reemplazó, contenta de esa nueva posición. Los domingos el tío Eugenio se quedaba en el comedor discutiendo las decisiones con ella, mientras Luis se hundía en una larga siesta, de la cual resucitaba al anochecer, empapado en sudor y con el estómago revuelto, pero siempre dispuesto a irse otra vez de jarana con sus amigos.

Analía le enseñó a su hijo los rudimentos de la escritura y la aritmética y trató de iniciarlo en el gusto por los libros. Cuando el niño cumplió siete años Luis decidió que ya era tiempo de darle una educación más formal, lejos de los mimos de la madre, y quiso mandarlo a un colegio en la capital, a ver si se hacía hombre de prisa, pero Analía se le puso por delante con tal ferocidad, que tuvo que aceptar una solución menos drástica. Se lo llevó a la escuela del pueblo, donde permanecía interno de lunes a viernes, pero los sábados por la mañana iba el coche a buscarlo para que volviera a casa hasta el domingo. La primera semana Analía observó a su hijo llena de ansiedad, buscando motivos para retenerlo a su lado, pero no pudo encontrarlos. La criatura parecía contenta, hablaba de su maestro y de sus compañeros con genuino entusiasmo, como si hubiera nacido entre ellos. Dejó de orinarse en la cama. Tres meses después llegó con su boleta de notas y una breve carta del profesor felicitándolo por su buen rendimiento. Analía la leyó temblando y sonrió por primera vez en mucho tiempo. Abrazó a su hijo conmovida, interrogándolo sobre cada detalle, cómo eran los dormitorios, qué le daban de comer, si hacía frío por las noches, cuántos amigos tenía, cómo era su maestro. Pareció mucho más tranquila y no volvió a hablar de sacarlo de la escuela. En los meses siguientes el muchacho trajo siempre buenas calificaciones, que Analía coleccionaba como tesoros y retribuía con frascos de mermelada y canastos de frutas para toda la clase. Trataba de no pensar en que esa solución apenas alcanzaba para la educación primaria, que dentro de pocos años sería inevitable mandar al niño a un colegio en la ciudad y ella sólo podría verlo durante las vacaciones.

En una noche de pelotera en el pueblo Luis Torres, que había bebido demasiado, se dispuso a hacer piruetas en un caballo ajeno para demostrar su habilidad de jinete ante un grupo de compinches de taberna. El animal lo lanzó al suelo y de una patada le reventó los testículos. Nueve días después Torres murió aullando de dolor en una clínica de la capital, donde lo llevaron en la esperanza de salvarlo de la infección. A su lado estaba su mujer, llorando de culpa por el amor que nunca pudo darle y de alivio porque ya no tendría que seguir rezando para que se muriera. Antes de volver al campo con el cuerpo en un féretro para enterrarlo en su propia tierra, Analía se compró un vestido blanco y lo metió en el fondo de su maleta. Al pueblo llegó de luto, con la cara cubierta por un velo de viuda para que nadie le viera la expresión de los ojos, y del mismo modo se presentó en el funeral, de la mano de su hijo, también con traje negro. Al término de la ceremonia el tío Eugenio, que se mantenía muy saludable a pesar de sus setenta años bien gastados, le propuso a su nuera que le cediera las tierras y se fuera a vivir de sus rentas a la ciudad, donde el niño terminaría su educación y ella podría olvidar las penas del pasado.

—Porque no se me escapa, Analía, que mi pobre Luis y tú nunca fueron felices —dijo.

—Tiene razón, tío. Luis me engañó desde el principio.

—Por Dios, hija, él siempre fue muy discreto y respetuoso contigo. Luis fue un buen marido. Todos los hombres tienen pequeñas aventuras, pero eso no tiene la menor importancia.

—No me refiero a eso, sino a un engaño irremediable.

—No quiero saber de qué se trata. En todo caso, pienso que en la capital el niño y tú estarán mucho mejor. Nada les faltará. Yo me haré cargo de la propiedad, estoy viejo pero no acabado y todavía puedo voltear un toro.

—Me quedaré aquí. Mi hijo se quedará también, porque tiene que ayudarme en el campo. En los últimos años he trabajado más en los potreros que en la casa. La única diferencia será que ahora tomaré mis decisiones sin consultar con nadie. Por fin esta tierra es sólo mía. Adiós, tío Eugenio.

En las primeras semanas Analía organizó su nueva vida. Empezó por quemar las sábanas que había compartido con su marido y trasladar su cama angosta a la habitación principal; enseguida estudió a fondo los libros de administración de la propiedad, y apenas tuvo una idea precisa de sus bienes buscó un capataz que ejecutara sus órdenes sin hacer preguntas. Cuando sintió que tenía todas las riendas bajo control buscó su vestido blanco en la maleta, lo planchó con esmero, se lo puso y así ataviada se fue en su coche a la escuela del pueblo, llevando bajo el brazo una vieja caja de sombreros.

Analía Torres esperó en el patio que la campana de las cinco anunciara el fin de la última clase de la tarde y el tropel de los niños saliera al recreo. Entre ellos venía su hijo en alegre carrera, quien al verla se detuvo en seco, porque era la primera vez que su madre aparecía en el colegio.

—Muéstrame tu aula, quiero conocer a tu maestro —dijo ella.

En la puerta Analía le indicó al muchacho que se fuera, porque ése era un asunto privado, y entró sola. Era una sala grande y de techos altos, con mapas y dibujos de biología en

51

las paredes. Había el mismo olor a encierro y a sudor de niños que había marcado su propia infancia, pero en esta oportunidad no le molestó, por el contrario, lo aspiró con gusto. Los pupitres se veían desordenados por el día de uso, había algunos papeles en el suelo y tinteros abiertos. Alcanzó a ver una columna de números en la pizarra. Al fondo, en un escritorio sobre una plataforma, se encontraba el maestro. El hombre levantó la cara sorprendido y no se puso de pie, porque sus muletas estaban en un rincón, demasiado lejos para alcanzarlas sin arrastrar la silla. Analía cruzó el pasillo entre dos hileras de pupitres y se detuvo frente a él.

—Soy la madre de Torres —dijo porque no se le ocurrió algo mejor.

—Buenas tardes, señora. Aprovecho para agradecerle los dulces y las frutas que nos ha enviado.

—Dejemos eso, no vine para cortesías. Vine a pedirle cuentas —dijo Analía colocando la caja de sombreros sobre la mesa.

—¿Qué es esto?

Ella abrió la caja y sacó las cartas de amor que había guardado todo ese tiempo. Por un largo instante él paseó la vista sobre aquel cerro de sobres.

—Usted me debe once años de mi vida —dijo Analía.

—¿Cómo supo que yo las escribí? —balbuceó él cuando logró sacar la voz que se le había atascado en alguna parte.

—El mismo día de mi matrimonio descubrí que mi marido no podía haberlas escrito y cuando mi hijo trajo a la casa sus primeras notas, reconocí la caligrafía. Y ahora que lo estoy mirando no me cabe ni la menor duda, porque yo a usted lo he visto en sueños desde que tengo dieciséis años. ¿Por qué lo hizo?

—Luis Torres era mi amigo y cuando me pidió que le escribiera una carta para su prima no me pareció que hubiera nada de malo. Así fue con la segunda y la tercera; después, cuando usted me contestó, ya no pude retroceder. Esos dos años fueron los mejores de mi vida, los únicos en que he esperado algo. Esperaba el correo.

—Ajá.

—¿Puede perdonarme?

—De usted depende —dijo Analía pasándole las muletas.

El maestro se colocó la chaqueta y se levantó. Los dos salieron al bullicio del patio, donde todavía no se había puesto el sol.

ROSARIO FERRÉ

El cuento envenenado

PUERTO RICO

ROSARIO FERRÉ es puertorriqueña y nació en 1938. Posee un doctorado en Literatura y ha sido profesora en varias universidades de los Estados Unidos y de Puerto Rico. Empezó a escribir en 1970, cuando coeditó y publicó la revista literaria *Zona de Carga y Descarga*. Escribe narrativa, poesía, ensayo, crítica literaria, crónica periodística y literatura infantil. Algunos de sus libros han sido traducidos al inglés, italiano, alemán y checo. Entre sus obras más conocidas se encuentran las novelas *Maldito amor*, *La batalla de las vírgenes*, el poemario *Fábulas de la garza desangrada*, el libro de cuentos *Papeles de Pandora*, los libros de ensayos *Sitio a Eros*, *El coloquio de las perras* y *El árbol y sus sombras*. Recientemente escribió y publicó una novela en inglés titulada *The House on the Lagoon*. El cuento incluido en esta antología forma parte de su libro *Las dos Venecias*.

Cuando pienso que todo me falla, que la vida no es más que un teatro absurdo sobre el viento armado, sé que la palabra siempre está ahí, dispuesta a devolverme la fe en mí misma y en el mundo. Esta necesidad constructiva por la que escribo se encuentra íntimamente relacionada a mi necesidad de amor; escribo para reinventarme y para reinventar el mundo, para convencerme de que todo lo que amo es eterno.

Pero mi voluntad de escribir es también una voluntad destructiva, un intento de aniquilarme y de aniquilar el mundo. La palabra, como la naturaleza misma, es infinitamente sabia, y conoce cuándo debe asolar lo caduco y lo corrompido para edificar la vida sobre cimientos nuevos. En la medida en la que participo de la corrupción del mundo, revierto contra mí misma mi propio instrumento. Escribo porque soy una desajustada a la realidad; porque son, en el fondo, mis profundas decepciones las que han hecho brotar en mí la necesidad de recrear la vida, de sustituirla por una realidad más compasiva y habitable, por ese mundo y por esa persona utópicos que también llevo dentro.

Extracto de su ensayo "La cocina de la escritura",
en Patricia González y Eliana Ortega, La sartén
por el mango *(San Juan, Ediciones*
Huracán, 1985).

El cuento envenenado

> *Y el rey le dijo al Sabio Ruyán:*
> *—Sabio, no hay nada escrito.*
> *—Da la vuelta a unas hojas más.*
> *El rey giró otras páginas más, y no*
> *transcurrió mucho tiempo sin que*
> *circulara el veneno rápidamente por*
> *su cuerpo, ya que el libro estaba*
> *envenenado. Entonces el rey se*
> *estremeció, dio un grito y dijo:*
> *—El veneno corre a través de mí.*
>
> Las mil y una noches

Rosaura vivía en una casa de balcones sombreados por enredaderas tupidas de trinitaria púrpura, y se pasaba la vida ocultándose tras ellos para leer libros de cuentos. Rosaura. Rosaura. Era una joven triste, que casi no tenía amigos; pero nadie podía adivinar la razón para su tristeza. Como quería mucho a su padre, cuando éste se encontraba en la casa se la oía reír y cantar por pasillos y salones, pero cuando él se marchaba al trabajo, desaparecía como por arte de magia y se ponía a leer libros de cuentos.

Sé que debería levantarme y atender a los deudos, volver a pasar el cognac por entre sus insufribles esposos, pero me siento agotada. Lo único que quiero ahora es descansar los pies, que tengo aniquilados; dejar que las letanías de mis vecinas se desgranen a mi alrededor como un interminable rosario de tedio.

Don Lorenzo era un hacendado de caña venido a menos, que sólo trabajando de sol a sol lograba ganar lo suficiente para el sustento de la familia. *Primero Rosaura y luego Lorenzo. Es una casualidad sorprendente.* Amaba aquella casa que lo había visto nacer, cuyas galerías sobrevolaban los cañaverales como las de un buque orzado a toda vela. La historia de la casa alimentaba su pasión por ella, porque sobre sus almenas se había efectuado la primera resistencia de los criollos a la invasión hacía ya casi cien años.

Al pasearse por sus salas y balcones, Don Lorenzo sentía inevitablemente encendérsele la sangre, y le parecía escuchar los truenos de los mosquetes y los gritos de guerra de quienes en ella habían muerto en defensa de la patria. En los últimos años, sin embargo, se había visto obligado a hacer sus paseos por la casa con más cautela, ya que los huecos que perforaban los pisos eran cada vez más numerosos, pudiéndose ver, al fondo abismal de los mismos, el corral de gallinas y puercos que la necesidad le obligaba a criar en los sótanos. No empece estas desventajas, a Don Lorenzo jamás se le hubiese ocurrido vender su casa o su hacienda. Como la zorra del cuento, se encontraba convencido de que un hombre podía vender la piel, la pezuña y hasta los ojos pero que la tierra, como el corazón, jamás se vende.

No debo dejar que los demás noten mi asombro, mi enorme sorpresa. Después de todo lo que nos ha pasado, venir ahora a ser víctimas de un escritorcito pila de mierda. Como si no me bastara con la mondadera diaria de mis

60

clientas. "Quien la viera y quien la vio", las oigo que dicen detrás de sus abanicos inquietos, "la mona, aunque la vistan de seda, mona se queda". Aunque ahora ya francamente no me importa. Gracias a Lorenzo estoy más allá de sus garras, inmune a sus bájeme un poco más el escote, Rosa, apriéteme acá otro poco el zipper, Rosita, y todo por la misma gracia y por el mismo precio. Pero no quiero pensar ya más en eso.

Al morir su primera mujer, Don Lorenzo se sintió tan solo que, dando rienda a su naturaleza enérgica y saludable, echó mano a la salvación más próxima. Como náufrago que, braceando en el vientre tormentoso del mar, tropieza con un costillar de esa misma nave que acaba de hundirse bajo sus pies, y se aferra desesperado a él para mantenerse a flote, así se asió Don Lorenzo a las amplias caderas y aun más pletóricos senos de Rosa, la antigua modista de su mujer. Celebrado el casorio y restituida la convivencia hogareña, la risa de Don Lorenzo volvió a retumbar por toda la casa, y éste se esforzaba porque su hija también se sintiera feliz. Como era un hombre culto, amante de las artes y de las letras, no encontraba nada malo en el persistente amor de Rosaura por los libros de cuentos. Aguijoneado sin duda por el remordimiento, al recordar cómo la niña se había visto obligada a abandonar sus estudios a causa de sus malos negocios, le regalaba siempre, el día de su cumpleaños, un espléndido volumen de cuentos.

Esto se está poniendo interesante. La manera de contar que tiene el autor me da risa, parece un firulí almidonado, un empalagoso de pueblo. Yo definitivamente no le simpatizo. Rosa era una mujer práctica, para quien los refinamientos del pasado representaban un capricho imperdonable, y aquella manera de ser la malquistó con Rosaura. En la casa abundaban, como en los libros que leía la joven, las muñecas raídas y exquisitas, los roperos hacinados de rosas de repollo y de capas de terciopelo polvoriento, y los candelabros de cristales quebrados, que Rosaura aseguraba haber visto en las noches sostenidos en alto por deambulantes fantasmas. Poniéndose de acuerdo con el quincallero del pueblo, Rosa fue vendiendo una a una aquellas reliquias de la familia, sin sentir el menor resquemor de conciencia por ello.

El firulí se equivoca. En primer lugar, hacía tiempo que Lorenzo estaba enamorado de mí (desde mucho antes de la muerte de su mujer, junto a su lecho de enferma, me desvestía atrevidamente con los ojos) y yo sentía hacia él una mezcla de ternura y compasión. Fue por eso que me casé con él, y de ninguna manera por interés, como se ha insinuado en este infame relato. En varias ocasiones me negué a sus requerimientos, y cuando por fin accedí, mi familia lo consideró de plano una locura. Casarme con él, hacerme cargo de las labores domésticas de aquel caserón en ruinas, era una especie de suicidio profesional, ya que la fama de mis creaciones resonaba, desde mucho antes de mi boda, en las boutiques de moda más elegantes y exclusivas del pueblo. En segundo lugar, vender los cachivaches de aquella casa no sólo era saludable sicológica, sino también económicamente. En mi casa hemos sido siempre pobres y a orgullo lo tengo. Vengo de una familia de diez hijos, pero nunca hemos pasado hambres, y el espectáculo de aquella alacena vacía, pintada enteramente de blanco y con un tragaluz en el techo que iluminaba todo su vértigo, le hubiese congelado el tuétano al más valiente. Vendí los tereques de la casa para llenarla, para lograr poner sobre la mesa, a la hora de la cena, el mendrugo de pan honesto de cada día.

Pero el celo de Rosa no se detuvo aquí, sino que empeñó también los cubiertos de plata, los manteles y las sábanas que en un tiempo pertenecieron a la madre y a la abuela de Rosaura, y su frugalidad llegó a tal punto que ni siquiera los gustos moderadamente epicúreos de la familia se salvaron de ella. Desterrados para siempre de la mesa quedaron el conejo en pepitoria, el arroz con gandules y las palomas salvajes, asadas hasta su punto más tierno por debajo de las alas. Esta última medida entristeció grandemente a Don Lorenzo, que amaba más que nada en el mundo, luego de a su mujer y a su hija, esos platillos criollos cuyo espectáculo humeante le hacía expandir de buena voluntad los carrillos sobre las comisuras risueñas.

¿Quién habrá sido capaz de escribir una sarta tal de estupideces y de calumnias? Aunque hay que reconocer que, quien quiera que sea, supo escoger el título a las mil maravillas. Bien se ve que el papel aguanta todo el veneno que le escupan encima. Las virtudes económicas de Rosa la llevaban a ser candil apagado en la casa, pero fanal encendido en la calle. "A mal tiempo buena cara, y no hay por qué hacerle ver al vecino que la desgracia es una desgracia", decía con entusiasmo cuando se vestía con sus mejores galas para ir a misa los domingos, obligando a Don Lorenzo a hacer lo mismo. Abrió un comercio de modistilla en los bajos de la casa, que bautizó ridículamente "El alza de la Bastilla", dizque para atraerse una clientela más culta, y allí se pasaba las noches enhebrando hilos y sisando telas, invirtiendo todo lo que sacaba de la venta de los valiosos objetos de la familia en los vestidos que elaboraba para sus clientas.

Acaba de entrar a la sala la esposa del Alcalde. La saludaré sin levantarme, con una leve inclinación de cabeza.

Lleva puesto uno de mis modelos exclusivos, que tuve que rehacer por lo menos diez veces, para tenerla contenta, pero aunque sé que espera que me le acerque y le diga lo bien que le queda, haciéndole mil reverencias, no me da la gana de hacerlo. Estoy cansada de servirles de incensario a las esposas de los ricos de este pueblo. En un principio les tenía compasión: verlas languidecer como flores asfixiadas tras las galerías de cristales de sus mansiones, sin nada en qué ocupar sus mentes que no fuese el bridge, el mariposear de chisme en chisme y de merienda en merienda, me daba tristeza. El aburrimiento, ese ogro de afelpada garra, había ya ultimado a varias de ellas, que habían perecido víctimas de la neurosis y de la depresión, cuando yo comencé a predicar, desde mi modesto taller de costura, la salvación por medio de la Línea y del Color. La Belleza de la moda es, no me cabe la menor duda, la virtud más sublime, el atributo más divino de las mujeres. La Belleza de la moda todo lo puede, todo lo cura, todo lo subsana. Sus seguidores son legiones, como puede verse en el fresco de la cúpula de nuestra catedral, donde los atuendos maravillosos de los ángeles sirven para inspirar la devoción aun en los más incrédulos.

Con la ayuda generosa de Lorenzo me suscribí a las revistas más elegantes de París, Londres y Nueva York, y comencé a publicar en La Gaceta del Pueblo *una homilía semanal, en la cual le señalaba a mis clientas cuáles eran las últimas tendencias de estilo según los couturiers más famosos de esas capitales. Si en el otoño se llevaba el púrpura magenta o el amaranto pastel, si en la primavera el talle se alforzaba como una alcachofa o se plisaba como un repollo de pétalo y bullón, si en el invierno los botones se usaban de carey o de nuez, todo era para mis clientas materia de dogma, artículo* apasionado de fe. Mi taller pronto se volvió una colmena de actividad, tantas eran las órdenes que recibía y tantas las visitas de las damas que venían a consultarme los detalles de sus últimas "tenues".

El éxito no tardó en hacernos ricos y todo gracias a la ayuda de Lorenzo, que hizo posible el milagro vendiendo la hacienda y presentándome el capitalito que necesitaba para ampliar mi negocio. Por eso hoy, el día aciago de su sepelio, no tengo que ser fina ni considerada con nadie. Estoy cansada de tanta reverencia y de tanto halago, de tanta dama elegante que necesita ser adulada todo el tiempo para sentirse que existe. Que la esposa del Alcalde en adelante se alce su propia cola y se husmee su propio culo. Prefiero mil veces la lectura de este cuento infame a tener que hablarle, a tener que decirle qué bien se ha combinado hoy, qué maravillosamente le sientan su mantilla de bruja, sus zapatos de espátula, su horrible bolso.

Don Lorenzo vendió su casa y su finca, y se trasladó con su familia a vivir al pueblo. El cambio resultó favorable para Rosaura; recobró el buen color y tenía ahora un sinnúmero de amigas y amigos, con los cuales se paseaba por las alamedas y los parques. Por primera vez en la vida dejó de interesarse por los libros de cuentos y, cuando algunos meses más tarde su padre le regaló el último ejemplar, lo dejó olvidado y a medio leer sobre el velador de la sala. A Don Lorenzo, por el contrario, se le veía cada vez más triste, zurcido el corazón de pena por la venta de su hacienda y de sus cañas.

Rosa, en su nuevo local, amplió su negocio y tenía cada vez más parroquianas. El cambio de localidad sin duda la favoreció, ocupando éste ahora por completo los bajos de la casa. Ya no tenía el corral de gallinas y de puercos algarabiándole junto a la puerta, y su clientela subió de categoría. Como estas damas, sin embargo, a menudo se demoraban en pagar sus deudas, y Rosa, por otro lado, no podía resistir la tentación de guardar siempre para sí los vestidos más lujosos, su taller no acababa nunca de levantar cabeza. Fue por aquel entonces que comenzó a martirizar a Lorenzo con lo del testamento. "Si mueres en este momento", le dijo una noche antes de dormir, "tendré que trabajar hasta la hora de mi muerte sólo para pagar la deuda, ya que con la mitad de tu herencia no me será posible ni comenzar a hacerlo". Y como Don Lorenzo permanecía en silencio y con la cabeza baja, negándose a desheredar a su hija para beneficiarla a ella, empezó a injuriar y a insultar a Rosaura, acusándola de soñar con vivir siempre del cuento, mientras ella se descarnaba los ojos y los dedos cosiendo y bordando sólo para ellos. Y antes de darle la espalda para extinguir la luz del velador, le dijo que ya que era a su hija a quien él más quería en el mundo, a ella no le quedaba más remedio que abandonarlo.

Me siento curiosamente insensible, indiferente a lo que estoy leyendo. Hay una corriente de aire frío colándose por algún lado en este cuarto y me he empezado a sentir un poco mareada, pero debe ser la tortura de este velorio interminable. No veo la hora en que saquen el ataúd por la puerta, y que esta caterva de maledicentes acabe ya de largarse a su casa. Comparados a los chismes de mis clientas, los sainetes de este cuento insólito no son sino alfilerazos vulgares, que me rebotan sin que yo los sienta. Después de todo, me porté bien con Lorenzo; tengo mi conciencia tranquila. Eso es lo único que importa. Insistí, es cierto, en que nos mudáramos al pueblo, y eso nos hizo mucho bien. Insistí también en que me dejara a mí el albaceazgo de todos sus bienes, porque me consideré mucho más capacitada para administrarlos que Rosaura, que anda siempre con la cabeza en las nubes. Pero jamás lo amenacé con abandonarlo. Los asuntos de la familia iban de mal en peor, y la ruina amenazaba cada vez más de cerca a Lorenzo, pero a éste no parecía importarle. Había sido siempre un poco fantasioso y escogió precisamente esa época crítica de nuestras vidas para sentarse a escribir un libro sobre los patriotas de la lucha por la independencia.

Se pasaba las noches garabateando página tras página, desvariando en voz alta sobre nuestra identidad perdida dizque trágicamente a partir de 1898, cuando la verdad fue que nuestros habitantes recibieron a los Marines con los brazos abiertos. Es verdad que, como escribió Lorenzo en su libro, durante casi cien años después de su llegada hemos vivido al borde de la guerra civil, pero los únicos que quieren la independencia en esta isla son los ricos y los ilusos; los hacendados arruinados que todavía siguen soñando con el pasado glorioso como si se tratara de un paraíso perdido, los políticos amargados y sedientos de poder, y los escritorcitos de mierda como el autor de este cuento. Los pobres de esta isla le han tenido siempre miedo a la independencia, porque preferirían estar muertos antes de volver a verse aplastados por la egregia bota de nuestra burguesía. Sean Republicanos o Estadolibristas, todos los caciques políticos son iguales. A la hora del tasajo vuelan más rápido que una plaga de guaraguaos hambrientos; se llaman pro-americanos y amigos de los yanquis cuando en realidad los odian y quisieran que les dejaran sus dólares y se fueran de aquí.

Al llegar el cumpleaños de su hija, Don Lorenzo le compró, como siempre, su tradicional libro de cuentos.

67

Rosaura, por su parte, decidió cocinarle a su padre aquel día una confitura de guayaba, de las que antes solía confeccionarle su madre. Durante toda la tarde removió sobre el fogón el borbolleante líquido color sanguaza, y mientras lo hacía le pareció ver a su madre entrar y salir varias veces por pasillos y salones, transportada por el oleaje rosado de aquel perfume que inundaba la casa.

Aquella noche Don Lorenzo se sentó feliz a la mesa y cenó con más apetito que el que había demostrado en mucho tiempo. Terminada la cena, le entregó a Rosaura su libro, encuadernado, como él siempre decía riendo, "en cuero de corazón de alce". Haciendo caso omiso de los acentos circunflejos que ensombrecían de ira el ceño de su mujer, padre e hija admiraron juntos el opulento ejemplar, cuyo grueso canto dorado hacía resaltar elegantemente el púrpura de las tapas. Inmóvil sobre su silla Rosa los observaba en silencio, con una sonrisa álgida escarchándole los labios. Llevaba puesto aquella noche su vestido más lujoso, porque asistiría con Don Lorenzo a una cena de gran cubierto en casa del Alcalde, y no quería por eso alterarse, ni perder la paciencia con Rosaura.

Don Lorenzo comenzó entonces a embromar a su mujer, y le comentó, intentando sacarla de su ensimismamiento, que los exóticos vestidos de aquellas reinas y grandes damas que aparecían en el libro de Rosaura bien podrían servirle a ella de inspiración para sus nuevos modelos. "Aunque para vestir tus opulentas carnes se necesitarían varias resmas de seda más de las que necesitaron ellas, a mí no me importaría pagarlas, porque tú eres una mujer de a deveras, y no un enclenque maniquí de cuento", le dijo pellizcándole solapadamente una nalga. *¡Pobre Lorenzo! Es evidente que me* *querías, sí. Con tus bromas siempre me hacías reír hasta saltárseme las lágrimas.* Congelada en su silencio apático, Rosa encontró aquella broma de mal gusto, y no demostró por las ilustraciones y grabados ningún entusiasmo. Terminado por fin el examen del lujoso volumen, Rosaura se levantó de la mesa, para traer la fuente de aquel postre que había estado presagiándose en la mañana como un bocado de gloria por toda la casa, pero al acercársela a su padre la dejó caer, salpicando inevitablemente la falda de su madrastra.

Hacía ya rato que algo venía molestándome, y ahora me doy cuenta de lo que es. El incidente del dulce de guayaba ocurrió hace ya muchos años, cuando todavía vivíamos en el caserón de la finca y Rosaura no era más que una niña. El firulí, o se equivoca, o ha alterado descaradamente la cronología de los hechos, haciendo ver que éstos sucedieron recientemente, cuando es todo lo contrario. Hace sólo unos meses que Lorenzo le regaló a Rosaura el libro que dice, en ocasión de su veinteavo aniversario, pero han pasado ya más de seis años desde que Lorenzo vendió la finca. Cualquiera diría que Rosaura es todavía niña cuando es una manganzona ya casi mayor de edad, una mujer hecha y derecha. Cada día se parece más a su madre, a las mujeres indolentes de este pueblo. Rehúsa trabajar en la casa y en la calle, alimentándose del pan honesto de los que trabajan.

Recuerdo perfectamente el suceso del dulce de guayaba. Íbamos a un coctel en casa del Alcalde, a quien tú mismo, Lorenzo, le habías propuesto que te comprara la hacienda Los Crepúsculos, como la llamabas nostálgicamente, y que los vecinos habían bautizado con sorna la hacienda Los Culos Crespos, en venganza por los humos de aristocracia que te dabas, para que se edificara allí un museo de historia dedicado a preservar, para las generaciones venideras, las anodinas reliquias de los imperios cañeros. Yo había logrado convencerte, tras largas noches de discusión bajo el dosel raído de tu cama, de la imposibilidad de seguir viviendo en aquel caserón, donde no había ni luz eléctrica ni agua caliente, y donde para colmo había que cagar a diario en la letrina estilo Francés Provenzal que Alfonso XII le había obsequiado a tu abuelo. Por eso aquella noche llevaba puesto aquel traje cursi, confeccionado como en Gone with the Wind, con las cortinas de brocado que el viento no se había llevado todavía, porque era la única manera de impresionar a la insoportable mujer del Alcalde, de apelar a su arrebatado delirio de grandeza. Nos compraron la casa por fin con todas las antigüedades que tenía adentro, pero no para hacerla un museo y un parque de los que pudiera disfrutar el pueblo, sino para disfrutarlo ellos mismos como su lujosa casa de campo.

Frenética y fuera de sí, Rosa se puso de pie, y contempló horrorizada aquellas estrías de almíbar que descendían lentamente por su falda hasta manchar con su líquido sanguinolento las hebillas de raso de sus zapatos. Temblaba de ira, y al principio se le hizo imposible llegar a pronunciar una sola palabra. Una vez le regresó el alma al cuerpo, sin embargo, comenzó a injuriar enfurecida a Rosaura, acusándola de pasarse la vida leyendo cuentos, mientras ella se veía obligada a consumirse los ojos y los dedos cosiendo para ellos. Y la culpa de todo la tenían aquellos malditos libros que Don Lorenzo le regalaba, los cuales eran prueba de que a Rosaura se la tenía en mayor estima que a ella en aquella casa, y por lo cual había decidido marcharse de su lado para siempre, si éstos no eran de inmediato arrojados al patio, donde ella misma ordenaría que se encendiera con ellos una enorme fogata.

Será el humo de las velas, será el perfume de los mirtos, pero me siento cada vez más mareada. No sé por qué, he comenzado a sudar y las manos me tiemblan. La lectura de este cuento ha comenzado a enconárseme en no sé cuál lugar misterioso del cuerpo. Y no bien terminó de hablar, Rosa palideció mortalmente y, sin que nadie pudiera evitarlo, cayó redonda y sin sentido al suelo. Aterrado por el desmayo de su mujer, Don Lorenzo se arrodilló a su lado y, tomándole las manos comenzó a llorar, implorándole en una voz muy queda que volviera en sí y que no lo abandonara, porque él había decidido complacerla en todo lo que ella le había pedido. Satisfecha con la promesa que había logrado sonsacarle, Rosa abrió los ojos y lo miró risueña, permitiéndole a Rosaura, en prueba de reconciliación, guardar los libros.

Aquella noche Rosaura derramó abundantes lágrimas, hasta que por fin se quedó dormida sobre su almohada, bajo la cual había ocultado el obsequio de su padre. Tuvo entonces un sueño extraño. Soñó que, entre los relatos de aquel libro, había uno que estaría envenenado, porque destruiría, de manera fulminante, a su primer lector. Su autor, al escribirlo, había tomado la precaución de dejar inscrita en él una señal, una manera definitiva de reconocerlo, pero por más que en su sueño Rosaura se esforzaba por recordar cuál era, se le hacía imposible hacerlo. Cuando por fin despertó, tenía el cuerpo brotado de un sudor helado, pero seguía ignorando aún si aquel cuento obraría su maleficio por medio del olfato, del oído, o del tacto.

Pocas semanas después de estos sucesos, Don Lorenzo pasó serenamente a mejor vida al fondo de su propia cama, consolado por los cuidos y rezos de su mujer y de su hija. Encontrábase el cuerpo rodeado de flores y de cirios, y los deudos y parientes sentados alrededor, llorando y ensalzando las virtudes del muerto, cuando Rosa entró en la habitación, sosteniendo en la mano el último libro de cuentos que Don Lorenzo le había regalado a Rosaura y que tanta controversia había causado en una ocasión entre ella y su difunto marido. Saludó a la esposa del Alcalde con una imperceptible inclinación de cabeza, y se sentó en una silla algo retirada del resto de los deudos, como si buscase un poco de silencio y sosiego. Abriendo el libro al azar sobre la falda, comenzó a hojear lentamente las páginas, admirando sus ilustraciones y pensando que, ahora que era una mujer de medios, bien podía darse el lujo de confeccionarse para sí misma uno de aquellos espléndidos atuendos de reina. Pasó varias páginas sin novedad, hasta que llegó a un relato que le llamó la atención. A diferencia del resto, no tenía ilustración alguna y se encontraba impreso en una extraña tinta color guayaba. El primer párrafo la sorprendió, porque la heroína se llamaba exactamente igual que su hijastra. Mojándose entonces el dedo del corazón con la punta de la lengua, comenzó a separar con interés aquellas páginas que, debido a la espesa tinta, se adherían molestamente unas a otras. Del estupor pasó al asombro, del asombro pasó al pasmo, y del pasmo pasó al terror, pero a pesar del creciente malestar que sentía, la curiosidad no le permitía dejar de leerlas. El relato comenzaba: "Rosaura vivía en una casa de balcones sombreados por enredaderas tupidas de trinitaria púrpura...", pero Rosa nunca llegó a enterarse de cómo terminaba.

MAGALI GARCÍA RAMIS

Una semana de siete días

PUERTO RICO

Foto: Cándido Ortiz

MAGALI GARCÍA RAMIS es puertorriqueña y vive en el viejo San Juan, ciudad histórica con la que está vinculada visceralmente y de donde extrae muchos de los personajes que encontramos en sus obras. Ha trabajado como periodista y profesora de la Universidad de Puerto Rico. Tiene publicados tres libros: *La familia de todos nosotros* (cuentos); *Felices días, Tío Sergio* (novela) y *La ciudad que me habita* (ensayos periodísticos). Está en vías de terminar una nueva novela y un libro de cuentos. Muchos de sus cuentos y artículos aparecen publicados en antologías y revistas de Puerto Rico, Estados Unidos, Latinoamérica y Europa. Ha incursionado en el campo del cine y tiene a su haber varios guiones de documentales. En la actualidad se desempeña como profesora en la Escuela de Comunicación Pública de la Universidad de Puerto Rico.

Aunque las disciplinas que estudié formalmente, Historia y Periodismo, enfatizan la precisión y ese algo ambiguo llamado "lo verídico", mi natural inclinación es hacia la ficción que hay tras toda historia humana (o que podría haber, si uno tiene imaginación). Me interesan sobremanera las personas, en todas sus dimensiones: como grandes y abnegados seres humanos, como ruines y egoístas; como idealistas abocados al fracaso. En particular, me gusta verlos vivir y actuar en situaciones muy cotidianas, pero con un telón de fondo de la Gran Historia o la Gran Nota Periodística. Por lo general me gusta trabajar mujeres, hombres y niñas; casi siempre hay muerte o muertos en mis relatos; y nunca estará ausente el gran igualador: el tiempo. Y a pesar de que profeso amar a los humanos, creo que quiero más a los animales.

*Comentarios de la autora especialmente
para esta edición.*

Mi madre era una mujer que tenía grandes los ojos y hacía llorar a los hombres. A veces se quedaba callada por largos ratos y andaba siempre de frente al mundo; pero aunque estaba en contra de la vida, a mí, que nací de ella, nunca me echó de su lado. Cuando me veían con ella, toda la gente quería quedarse conmigo. "Te voy a robar, ojos lindos", me decían los dependientes de las tiendas. "Déjala unos meses al año acá, en el verano, no es bueno que esa niña viaje tanto", le habían pedido por carta unas tías. Pero mi madre nunca me dejaba. Caminábamos el mundo de mil calles y cien ciudades y ella trabajaba y me miraba crecer y pasaba sus manos por mi pelo cada vez que me iba a hacer cariños. En cada lugar que vivíamos mamá tenía muchos amigos —compañeros les decía ella— y venían a casa de noche a hablar de cosas, y a veces a tocar guitarra. Un día mamá me llamó seria y suave, como hacía cuando me iba a decir algo importante. "Vamos a regresar a casa", me dijo, "papá ha muerto". Muerto. Los muertos estaban en los cementerios, eso sí lo sabía yo, y nuestra casa era este departamento azul, donde, como en todos los que habíamos estado, mamá tenía la pintura del señor de sombrero con fusil en la mano, la figura de madera de una mujer con su niño, un par de fotos de un hombre que ella ponía en el cuarto y una de otro hombre que ella pegaba en la pared junto a mi cama. "No hay tal papá Dios, este hombre es tu padre, tu único papá", me decía. Y yo lo miraba todas las noches, a ese hombre de pelo tan claro y ojos verdes que ahora estaba muerto y nos hacía irnos de casa.

No me puedo acordar cómo llegamos a la isla, sólo recuerdo que allí no podía leer casi nada aunque ya sabía leer, porque les daba por escribir los nombres de las tiendas en inglés. Entonces alguien nos llevó en un auto a San Antonio. Antonio se llamaba mi padre y ése era su pueblo. Antes de salir para San Antonio mi madre me compró un traje blanco y otro azul oscuro y me puso el azul para el viaje. "Vas a ver a tu abuela de nuevo", me dijo. "Tú vas a pasar unos días con ella, yo tengo unos asuntos que atender y luego iré a buscarte. Tú sabes que mamá no te deja nunca, ¿verdad? Te quedarás con abuela una semana, ya estás grande y es bueno conocer a los familiares".

Y así de grande, más o menos, llegué dormida con mamá a San Antonio. El auto nos dejó al lado de una plaza llena de cordones con luces rojas, verdes, azules, anaranjadas y amarillas. Una banda de músicos tocaba una marcha y muchos niños paseaban con sus papás. "¿Por qué hay luces, mamá?" "Es Navidad", fue su única respuesta. Yo cogí mi bultito y mamá la maleta, y me llevó de la mano calle arriba, lejos de la plaza que me llenaba los ojos de colores y de música. Caminamos por una calle empinada y ya llegando a una colina nos detuvimos frente a una casa de madera de balcón ancho y tres grandes puertas. Yo me senté en un escalón mientras mi madre tocaba a la puerta de la izquierda. Desde allí, sentada, mis ojos quedaban al nivel de las rodillas que una vez le habían dicho que eran tan bonitas.

"Tus rodillas son preciosas, y tú eres una chulería de mujer", le decía el hombre rubio a mamá y yo me hacía la dormida en la camita de al lado y los oía decirse cosas que no entendía. De todo lo que se dijeron y contaron esa noche, lo único que recuerdo es que sus rodillas eran preciosas. Aquel hombre rubio le decía que la quería mucho, y que a mí también, y que quería casarse con ella —pero ella no quiso. Un día estábamos sentados en un café y le dijo que no volviera, y allí mismo él pagó la cuenta y se fue llorando. Yo miré a mi madre y ella me abrazó.

Hacía frío y creí que me iba a dormir de nuevo, pero no me dio tiempo porque detrás de la puerta con lazo negro una voz de mujer preguntó: "¿Quién?" "Soy yo, Doña Matilde, Luisa, he venido con la niña". La mujer abrió la puerta y sacó la cabeza para mirar al balcón y allí en la escalera a su derecha estaba yo, mirando a esa mujer con los ojos verdes de mi padre. "Pasen, pasen, no cojan el sereno que hace daño", dijo la abuela. Pasamos un pasillo ancho con muchas puertas a los dos lados, y luego un patio sin techo, en el medio. "¿Por qué tiene un hoyo esta casa, mamá?" "Es un patio interior, las casas de antes son así", dijo mamá, y seguimos caminando por la casa de antes hasta llegar a un comedor. Allí estaba Rafaela, la muchacha de abuela que era casi tan vieja como ella. Nos sentamos a tomar café con pan y mamá habló con la abuela.

Al otro día amanecí con mi payama puesta en una cama cubierta con sábanas y fundas de flores bordadas, tan alta que tuve que brincar para bajarme. Busqué a mamá y me asustó pensar que quizás ya se había ido por una semana y me había dejado sin despedirse, y yo en payamas. Entonces oí su voz: "La nena ha crecido muy bien, Doña Matilde. Es inteligente, y buena como su padre". "Tiene los ojos Ocasio", dijo la abuela. "Yo sé lo que usted piensa, que tanto cambio le hace daño, y yo sé que usted no está de acuerdo con la vida que yo llevo, ni con mis ideas políticas, pero deje que la conozca a ella para que vea que no le ha faltado nada; ni cariño, ni escuela, ni educación". "Él preguntó por ti antes de cerrar los ojos, siempre creyó que tú volverías", contestó la abuela, como si cada una tuviese una conversación aparte. "Mamá, mamá, ya me desperté. Pero no sé dónde está mi bata", grité, porque ella estaba diciéndole a abuela que yo tenía educación y aunque nunca me ponía la bata eso ayudaría a lo que mi mamá decía. "Olvídate de eso, si tú no te la pones, ven", repitió mamá, que nunca fingía nada. Yo me acerqué y vi de frente a la abuela que era casi tan alta como mi madre y con su pelo recogido en redecilla me sonreía desde una escalerita donde estaba trepada podando una enredadera en ese patio sembrado de helechos y palmas. "Saluda a tu abuela". "Buenos días, abuela", dije. Y ella bajó de la escalera y me dio un beso en la cabeza.

Durante el desayuno siguieron hablando mi madre de mí y mi abuela de mi padre. Luego me pusieron el traje blanco y fuimos al cementerio. Hacía una semana que lo habían enterrado, nos contó la abuela. Vimos la tumba que decía algo y después tenía escrito el nombre de mi papá: Antonio Ramos Ocasio, Q.E.P.D. "Yo sé que tú no eres creyente, pero dejarás que la niña se arrodille y rece conmigo un padrenuestro por el alma de su padre..." Mi madre se quedó como mirando a lo lejos y dijo que sí. Y así yo caí hincada en la tierra en el mundo de antes de mi abuelo, repitiendo algo sobre un padre nuestro que estaba en los cielos y mirando de reojo a mamá porque las dos sabíamos que ese padre no existía.

"Mamá, ¿esta noche me llevas a aquel sitio de luces?", le pregunté ese día. "¿A qué sitio?", preguntó abuela, "recuerda que en esta casa hay luto". "A la plaza pregunta ella, Doña Matilde. No frunza el ceño, recuerde que en este pueblo nadie nos conoce, que ella nunca ha estado unas Navidades en un pueblo de la isla, y que yo me voy mañana..." y terminó de hablar con miradas. Abuela respiró hondo y se miró en mis ojos.

Esa noche fuimos a la plaza mamá y yo. De nuevo, había mucha gente paseando. Vendían algodón de azúcar color rosa, globos pintados con caras de los Reyes Magos y dulces y refrescos. Había kioscos con comida y muchas picas de caballitos donde los hombres y los muchachos apostaban su dinero. Y la banda tocó marchas que le daban a uno ganas de saltar. Yo me quedé callada todo el tiempo porque todo eso me iba entrando por los ojos y de tanto que me gustaba me daba ganas de llorar. "No te pongas triste", me dijo mamá. "No estoy triste, es que estoy pensando, mamá", le expliqué, y ella me llevó hasta un banquito de piedra. Nos sentamos justo encima de donde decía: "Siendo alcalde de San Antonio el honorable Asencio Martínez, se edificaron estos bancos con fondos municipales para el ornato de esta ciudad y la comodidad de sus habitantes". "Mamá se tiene que ir mañana a la ciudad a donde llegamos primero. Va a estar solamente una semana yendo a muchas oficinas y es mejor que te quedes esos días acá con abuela, ¿me entiendes, cariño? Tú sabes que mamá nunca te ha mentido, si te digo que vuelvo, vuelvo. ¿Te acuerdas la vez que te quedaste unos días con Francisco, el amigo de mamá?"

Las dos cotorras que tenía Francisco hablaban. Vivimos con él un tiempo y una vez que mamá tuvo que ir a un sitio importante me dejó con él unos días. Cuando regresó me trajo una muñeca japonesa con tres trajecitos que se le cambiaban y Francisco me hizo cuentos de los hombres del Japón. Un tiempito después mamá llegó y nos dijo que había conseguido trabajo en otra ciudad y que teníamos que mudarnos ese día. Francisco quiso mudarse con nosotras; mamá le dijo que no. Y nos despidió en la estación del tren con los ojos llenos de lágrimas, de tan enamorado que estaba de mi madre.

"Sí, mamá, me acuerdo", le dije. "Pues es igual. Mamá tiene cosas muy importantes que hacer. La abuela Matilde es la mamá de tu papá. Ella te quiere mucho, ¿viste que sobre el tocador hay un retrato de cuando tú eras pequeñita? Ella te va a hacer mañana un bizcocho de los que te gustan. Y te hará cuentos. Y ya enseguida pasa la semana. ¿Estamos de acuerdo?" Yo no lo estaba por nada del mundo, pero mamá y yo éramos compañeras, como decía ella, y siempre nos dábamos fuerzas una a la otra. Así que yo cerré mi boca lo más posible y abrí mis ojos lo más que podía, como hacía cada vez que me daba trabajo aceptar algo y le dije "sí, mamá, de acuerdo", porque yo sabía que ella también se asustaba si estaba sin mí. Y nos dimos un abrazo largo allí sentadas encima del nombre del alcalde y del ornato, que quería decir adorno, me explicó mi mamá.

Al otro día, frente a la plaza ahora callada después del almuerzo, nos despedimos de mamá que subió en un auto lleno de gente. "Las cosas en la ciudad no están muy tranquilas, Luisa, cuídate, no te vaya a pasar nada". "No se preocupe, Doña Matilde, sólo voy a ver al abogado para arreglar eso de los papeles de Antonio y míos, y enseguida vuelvo a buscar la niña y nos vamos. Cuídela bien y no se preocupe".

"¿Tú sabes cuánto es una semana?" "Sí, abuela, es el mismo tiempo que papá lleva enterrado." "Sí, pero en tiempo, hijita, en días, ¿sabes?" "son siete, siete", me repetía, pero yo nunca fui buena con los números ni entendí bien eso del tiempo. Lo que sí recuerdo es que entonces fue tiempo de revolú. Una noche se oyeron tiros y gritos, y nadie salió a las calles ni a la plaza. Por unos días todos tenían miedo. Abuela tomaba el periódico que le traían por las mañanas al balcón y leía con mucho cuidado la primera página y luego ponía a Rafaela a leerle unas listas de nombres en letras demasiado chiquititas para su vista que venían a veces en las páginas interiores. A mí no me lo dejaban ver. Yo sólo podía leer rápido las letras negras grandotas de la primera página que decían cosas como D E T E N I D O S L E V A N T A M I E N T O S O S P E C H O S O S I Z Q U I E R D I S T A S que yo no entendía.

Una noche después, llegaron unos hombres cuando nos íbamos a acostar Rafaela, abuela y yo. "Súbete a la cama, anda", me dijo muy seria la abuela. Yo la obedecí primero y luego me bajé. Corrí de cuarto en cuarto hasta llegar al que daba a la sala y me puse a escuchar. Ya los hombres estaban en la puerta y sólo pude oír cuando decían: "De modo que no trate de sacarla del pueblo y mucho menos de la isla. Sabemos que ella vendrá por la niña, y tenemos orden de arresto". "Mire, señor policía", le decía la abuela, "yo estoy segura de que ella no tuvo nada que ver. Le repito que vino a la isla solamente porque murió mi hijo, ella ya no está en política, créame, ¿por qué hay orden de arresto?" "Ya está avisada, señora, hay que arrestar a todos esos izquierdistas para interrogarlos. Y si no tuvo que ver ¿por qué se esconde? Hay

testigos que afirman que la vieron en la capital, armada...
¿eso es ser inocente? Con que ya lo sabe, la niña se queda en
el pueblo".

La niña era yo, eso lo supe enseguida, y en lo que la
abuela cerraba la puerta corrí cuarto por cuarto de vuelta a
mi cama. Abuela vino hasta donde mí. Yo me hice la dormida,
pero no sé si la engañé porque se me quedó parada al lado
tanto rato que me dormí de verdad.

Ahora estoy en el balcón esperando que me venga a
buscar mi mamá, porque sé que vendrá por mí. Todos los
días pienso en ella y lo más que recuerdo es que tenía unos
ojos grandes marrones y que era una mujer que hacía llorar a
los hombres. Ah, y que nunca me mentía; por eso estoy aquí,
en el balcón, con mi bultito, esperándola, aunque ya haya
pasado más de una semana, lo sé porque ya sé medir el tiempo,
y porque mis trajes blanco y azul ya no me sirven.

ISABEL GARMA

El pueblo de los seres taciturnos

GUATEMALA

Foto: Antonio Ruano

ISABEL GARMA es el nombre literario de Norma Rosa García Mainieri, nacida en Guatemala en 1940, historiadora graduada de la Universidad de San Carlos de su país. Allí, García Mainieri fundó el Instituto de Investigaciones Históricas, Antropológicas y Arqueológicas. Le interesa como escritora "el personaje colectivo", representado en su narrativa por obreros, campesinos y gente de pueblo, personajes que extrae del caudal de información obtenido durante sus largos años de investigación en el campo de las ciencias sociales. Entre los libros que ha publicado se encuentran *Cuentos de muerte y resurrección,* (que incluye "El pueblo de los seres taciturnos", que forma parte de esta antología), *Poesía del caminante, El hoyito del perraje* y *Marginalia, mujer y poesía.*

Escribir es una tarea ardua, incesante, que exige como condición inexorable para realizarse el pago de una cuota a veces muy grande en soledad y sufrimiento. En Guatemala vivimos inmersos en una realidad "literaria". Mientras en otros ámbitos probablemente los escritores salen en busca del "tema", aquí éstos nos asedian, nos asaltan casi, y si la vocación y el conocimiento mayor o menor de las herramientas del oficio están en nuestras manos, podemos crear.

Siempre huí del protagonismo. No me gusta figurar. Creo que estoy preparada para enfrentar las críticas que vengan, sean positivas o negativas. Todas las mañanas, cuando me levanto, hago mis ejercicios de humildad, porque creo que ésta es una característica que no se nos da por añadidura. La humildad es producto de un ejercicio constante.

Lo más difícil de escribir "El pueblo de los seres taciturnos" fue la muerte del personaje central. La redacté exactamente dieciocho veces, tratando de hacerla lo más realista posible. Fue tan difícil, que incluso dio lugar a una observación jocosa de mi padre: "M'hija, cuando termines de matar al pobre Comandante Abel, vas a tener tanta experiencia al respecto, que estarás en condiciones de escribir desde el punto de vista de los asesinos".

Tengo una meta muy importante: quisiera ser leída por las clases populares de mi país, las que, desafortunadamente, son en su mayoría analfabetas.

Comentarios tomados de una entrevista con la autora, publicada en Guía 21, Guatemala, 5 de abril de 1992.

Para escribir se necesita tiempo.
En la soledad donde vivimos el tiempo es dinero.
Dedico este cuento a mi padre,
gracias a cuya generosidad durante muchos años
he podido ejercitar las herramientas del oficio
y escribir.

El viejo y pesado autobús se arrastraba con fatiga por aquel camino polvoriento. Poco a poco se había quedado vacío. Al chofer le llamaba la atención el hombre alto y flaco que era su único pasajero desde Villa Camote.

—Oiga Don, ¿hacia dónde me dijo que va?

—A Santa María de la Bendición.

—¡Qué esperanzas, Don! De aquí a San Jerónimo no queda nada, pero ni siquiera un caserío. Hace rato que Santa María de la Bendición no existe, así que para encontrar una buena comida y una cama, mejor siga a San Jerónimo.

El hombre se levantó del asiento. Encorvado para no golpearse con el techo del autobús, se aproximó a la puerta:

—Pare y déjeme aquí, por favor.

—Mire Don, en una hora más estaremos en San Jerónimo. De aquí para allá le repito que no hay ningún pueblo.

El hombre abrió la puerta y sacó medio cuerpo afuera, obligando al chofer a parar bruscamente.

—Bueno Don, por lo menos no se vaya a apartar del camino, tal vez mañana lo recoja otro bus.

El hombre ya no escuchó estas palabras. Engullido por la oscuridad, desapareció en el camino.

Día domingo en San Jerónimo. En el mercado se preparan las ventas desde las seis de la mañana, y en la plaza situada en frente de la iglesia, las comadres que asisten a misa se detienen a chismear quedamente.

Un sol titubeante va doblando poco a poco las inmensas sábanas de nubes.

Los choferes de autobuses tempraneros se toman la primera escudilla de atol en el atrio de la iglesia.

Lentamente, agrandándose conforme se acerca, aparece por la calle de la municipalidad una figura. Es un hombre tambaleante, de hombros encorvados y pelos hirsutos. Camina hacia el atrio de la iglesia, y al llegar allí, los murmullos cesan y todos lo miran con curiosidad.

Del grupo de choferes se desprende un vozarrón: —¡Oiga Don, no esperaba volver a verlo.

El hombre se detuvo ante el chofer y éste le palmeó la espalda:

—Cuénteme qué le pasó aquella noche y entónese con un atolito.

Las manos temblorosas se extendieron ávidas hacia la escudilla de atol. La apuró de un tirón y se limpió la boca con la mano.

—Vengo de Santa María de la Bendición —afirmó con voz ronca.

El chofer lo miró con asombro:

—Pero Don, usté está loco. Santa María de la Bendición ya no existe. Dicen que hubo hace mucho tiempo un pueblo que se llamó así, pero de eso hace... ¿cuánto?... ¡bueno!... mucho tiempo.

El hombre miró cada rostro del corrillo que se había formado a su alrededor. Parecía que de un momento a otro se doblarían aquellas piernas escuálidas cubiertas por los andrajos que otrora fueran un pantalón.

—Estuve en Santa María de la Bendición —se palpó el pecho con una mano —tengo que hablar con el alcalde o con el cura de San Jerónimo.

Las manos siguieron palpándose el pecho, las caderas, buscando bolsillos y mensajes inexistentes.

El silencio era profundo. Las miradas bajas. Hasta las campanas de la iglesia tañeron lentamente mientras el desconocido caía al suelo y las gentes se alejaban con paso rápido y miradas furtivas a su alrededor.

Hirviendo de fiebre, el hombre se estremecía en la cama del único habitante del pueblo que lo había socorrido. Está hablando locuras —dijo el chofer más tarde en la cantina. Pero temblaba al acordarse de las vívidas y entrecortadas imágenes del pueblo que evocaba el desconocido—. Habla de las gentes como si las hubiera visto —contó—. De Don Leoncio y el cura Mercedes, y de otras cosas más, de lo que estaban haciendo.

Envalentonado por la inusitada audiencia para sus palabras, el chofer siguió hablando. Entre trago y trago y con periódicas miradas hacia la puerta por si entraba alguien inesperado, contó cómo el desconocido se levantaba de la cama para dar voces de mando:

—¡Para los milperos que trajeron las cinco redes llenas! Mañana mismo que traigan el resto de la carga!... ¡y el frijol también!... ¿O qué piensan que vamos a comer SI ELLOS NOS CERCAN POR MÁS DE UNA SEMANA?... Llamen a los encargados de los fosos, sólo han abierto seis y están señalados dieciocho... y el agua, ¡el agua es lo más importante! Podremos vivir unos días sin comida, ¡pero sin agua no duramos nada!...

Después de cada acceso —explicaba el chofer— vuelve a quedarse postrado, temblando de fiebre y de frío y con los ojos dándole vueltas cabal como si estuviera viendo a la muerte.

La cantina ya no parecía cantina sino tranquila casa de oración. Todos hablaban en murmullos, y con tímidas miradas de un lado al otro, reanudaron las conversaciones suspendidas dejando solo al chofer. Este apuró el último trago. Con los ojos enrojecidos y el paso tambaleante, se encaminó a la puerta.

La calle estaba oscura y silenciosa. A pesar de encontrarse completamente ebrio, caminó alejado de las puertas, fuera de las banquetas.

"Muy pocos lo saben —pensó— que el hombre está en mi cuarto y en mi cama, porque ¿cómo echarlo a la calle si tiene más cara de muerto que de vivo? ¿y si muere? ¿y si lo encuentran muerto? ¿qué voy a explicar? Van a creer que es mi amigo o tal vez que yo sé que él sabe, que estuvo allí, que lo vio todo."

Apuró el paso imaginando historias tenebrosas: ¡que el hombre había muerto! y entonces ¿cómo sacarlo de su cuarto? ¿a dónde lo llevaría? ¡o tal vez ya habían llegado por él y ahora esperarían a quien lo había albergado, a quien lo había salvado de caer en manos de la policía! ¡Pero qué estúpido he sido! —pensó— al fin y al cabo está loco y lo más probable es que se muera.

El aire frío que comenzaba a soplar le despejó más la cabeza que el miedo, y pudo abrir sin titubeos la puerta de la casa de vecindad donde vivía. Sigilosamente, temiendo por primera vez entrar a su vivienda, caminó despacio sorteando las latas pobladas de begonias y quiebracajetes situadas a los lados del corredor que conducía al segundo patio. Allí, al lado de la pila y cercano a los excusados, el cuarto aparecía silencioso y sombrío. Sacó la llave y con mano temblorosa abrió muy despacio. La respiración acompasada que escuchó desvaneció de golpe sus temores. ¡El hombre estaba solo!

Encendió una candela e iluminó la figura que yacía en el camastro. Unos ojos parpadeantes ante la claridad repentina recorrieron la figura que sostenía la vela en la mano.

—¡Vaya Don! ya está mejor —afirmó el chofer, colocando junto a la cama la única silla que había en el cuarto y sentándose en ella.

El hombre sonrió más con los ojos que con aquellos labios resecos. La mirada cuerda sorprendió al chofer, y levantándose para alcanzarle un vaso de agua, comentó:

—Creí que no saldría con vida.

El hombre incorporó levemente la cabeza y bebió con pequeños y lentos sorbos.

—Gracias —musitó— espero no causarle muchos problemas.

El chofer sacó dos panes de un canasto.

—Necesita comer, mi amigo. Sólo tengo pan y frijoles, pero eso no le hace mal a nadie, aunque si mi madre lo viera, seguramente lo levantaría a puros caldos y atoles. Ha estado a punto de morirse, ¿se da cuenta?

Puso los panes en un plato de peltre y los colocó a un costado de la cama:

—Vamos, coma. También le puedo calentar un poco de café —encendió una pequeña hornilla de gas y colocó encima una jarrilla.

El hombre se había incorporado y masticaba lentamente.

Con los ojos brillantes de curiosidad, el chofer, sentado otra vez a un lado de la cama, le preguntó atropelladamente:

—Oiga, Don, no es cierto que estuvo allá, ¿verdad?

Las mandíbulas del hombre se detuvieron.

—Estuve en Santa María de la Bendición. Trabajamos mucho. Vi a Don Leoncio y al Padre Mercedes. Todo estaba listo... sin embargo, todos murieron, todos... yo estaba allá y trabajamos mucho, hasta los niños... —soltó el último trozo de pan y su mirada comenzó a extraviarse.

El chofer se inclinó sobre él y casi le susurró la pregunta:

—Su nombre, dígame cómo se llama o su apellido siquiera...

Con aquella terrible mirada fija, la cabeza que surgía de un cuello envarado, tieso, respondió:

—No me acuerdo... no me acuerdo... pero, estuve allí y lo vi todo, ¡todo! Se había preparado la aldea. —Si Santa María de la Bendición cae —decían todos— ¡caerán una tras otra las líneas de defensa contra el enemigo! y cavamos fosas y preparamos trampas, colocamos vigas y había agua y alimentos. ¡Yo estuve allí! —jadeó el hombre— y vi todo. Llegaron... lo primero que querían era información, quien les mostrara los caminos y atajos hacia los otros pueblos —el hombre tosió, y aquel cuello tieso, con las venas hinchadas, parecía negarse a la tos, al jadeo, a hablar más.

—¡No hable recio, por favor! —el chofer lo tomó por los hombros y se acercó a su rostro:

—¡Será mejor que eso lo oiga sólo yo! porque para este pueblo, Santa María de la Bendición no existe y usted está loco.

El hombre cerró los ojos, contrajo la boca en un rictus doloroso y se desplomó en la cama. Con voz ronca y entrecortada, siguió hablando.

—Yo estuve allí cuando llegaron... primero agarraron a los viejos, los pusieron en fila y los aca ... baron a bayonetazos... después las mujeres o lo que quedaba de ellas... algunas se negaron a separarse de los niños y los mantuvieron abra ... zados y cayeron con ellos... ¡Hablen, cabrones! —les decían a los hombres— y no hablaron... enton ... ces les llegó el turno a los niños... ¡yo vi esas manos crispadas, esos ojos impotentes en los hombres amarrados en hileras, mientras los niños se desplomaban poco a poco, sin llorar, sin moverse, sin acabar de entender qué pasaba!... —El hombre sollozaba.

El chofer también sintió picor en los ojos y luego el rostro mojado, pero aún así, abrió la puerta y espió el corredor hasta tener la certeza de no ser vistos ni escuchados por nadie.

—¡Desgraciados! —dijo en voz baja— con que así había sido. Ya no recordaba los meses, cuántos hacía desde que habían implantado todas aquellas disposiciones. Primero había llegado un destacamento de la catorceava zona militar, reunieron al alcalde, al cura y a los maestros de escuela:

—Con instrucciones del Superior Gobierno —había dicho aquel capitán presuntuoso— les informamos que de Villa Camote a San Jerónimo no hay ningún pueblo. Esos terrenos están desiertos, apenas habitados por coyotes —informó— así que lo toman muy en cuenta de ahora en adelante, si no quieren sufrir las consecuencias.

Y se cambiaron los mapas de la región, los anuncios de los transportes y los sitios de parada en el camino. Los parientes olvidaron a los parientes, y los domingos bullangueros que antes se llenaban de hortalizas y de flores cercanas, se volvieron domingos mustios, tristones, ocupados en ir a la iglesia en la mañana y a la cantina en la tarde. Y los parientes olvidadizos guardaron fotografías y recuerdos, abalorios y afectos en lo más profundo de los armarios y cajones. Nadie volvió a mencionar aquel pueblo ni a sus habitantes. Y no bastó que de la noche a la mañana cundiera la peste del olvido. San Jerónimo desmemoriado sufrió cambios. Primero los maestros, luego el encargado de correos, después el alcalde y el cura. Desaparecieron sin dejar rastros. Algunos pensaban que eso se debió a sus empeñosas memorias, que se habían resistido a olvidar...

La vida cambió para todos. Parecía que el recuerdo y el habla no podían separarse, y aquel pueblo habitado por seres taciturnos se convirtió en un fantasma del pueblo que había sido.

El chofer cubrió al hombre con una manta. Tenía fiebre otra vez. Mañana tendré que buscar al médico —pensó con angustia.

El chofer se limpió las manos sudorosas en el pantalón. Volvió a tocar suavemente el timbre casi al mismo tiempo que la puerta se abría y una mujer enjuta y malhumorada le lanzaba un ¡¿qué desea?! desabrido.

—Busco al Doctor —le respondió— que me disculpe por venir tan temprano, pero tengo un enfermo grave.

La mujer lo miró de pies a cabeza, calculando si tendría para pagarle al patrón la visita domiciliaria —voy a ver si ya se levantó —gruñó entre dientes.

Un leve temblor le subía al chofer de las ingles a la garganta.

El Doctor salió a la puerta amarrándose el cinturón de la bata: —¡Ah! es usted— le dijo, como si lo hubiera estado esperando.

—Buenos días, Doctor. Tengo un enfermo grave. Tal vez usted me hace el favor de ir a verlo.

—¿Es algún pariente? —preguntó el médico, ajustándose los anteojos para verle mejor la cara al chofer.

—Bueno, sí, no, no es mi pariente. Lo conozco, sí, bueno, lo llevé en la camioneta hace unas semanas, y al venir al pueblo se puso muy malo —dándose vueltas a la vieja gorra con las dos manos, el chofer lo miraba suplicante.

—¡Qué vaina! —pensó el médico, metiendo las manos en las bolsas de la bata. La cabeza calva sobre los hombros encogidos espió a ambos lados de la puerta: —espero que no se trate del hombre que vino al pueblo ayer— le dijo en voz baja al chofer.

—Sí, Doctor, es él, pero creo que se está muriendo. Por caridad, vaya a darle un vistazo.

—Ni lo sueñe. Lo mejor que le podría pasar a ese individuo sería morirse. Usted ya sabe las consecuencias, así que deshágase de él cuanto antes —con el rostro endurecido, el Doctor empujó con la puerta el pie que el chofer había apoyado sobre el umbral. ¡Viejo desgraciado! —gruñó éste— se ve que está cagándose del miedo.

Desalentado caminó lentamente, sumido en la zozobra del no saber qué hacer. —"Bueno, por lo menos le llevaré más comida" —se dijo "tal vez lo único que tiene es hambre y debilidad".

El hombre estaba sentado con la manta sobre la espalda. Levantó vivamente la cabeza cuando su protector entró en el cuarto con una bolsa en cada brazo. Ni la sorpresa de encontrar a su huésped levantado le quitó al chofer la expresión preocupada que reflejaba su semblante:

—Qué bueno verlo levantado —dijo, colocando las bolsas encima de la mesa y sacando de ellas una botella de leche, una caja de huevos, pan y mantequilla.

—Gracias a usted —respondió el hombre, intentando incorporarse completamente.

—No, no se levante. Traje más comida. Creo que usted no está enfermo, sino débil —explicó, encendiendo la hornilla de gas y preparando unos huevos —también fui por el médico, pero no quiso venir.

—Siento mucho causarle tantos problemas, pero creo que hoy podré irme. El chofer interrumpió los preparativos de la comida para mirarlo fijamente.

—Oiga, Don, o como se llame, lo único que quisiera saber es su nombre, si ya se acuerda de quién es. Porque ¿cómo es posible que sepa todo lo demás menos su nombre? Lo habló anoche, otra vez en medio de la fiebre y el delirio. Y gracias a eso tuve muchas certezas. ¡Con que los mataron a todos! ¿eh? sólo usted escapó y sin duda anduvo perdido por el monte durante todos estos meses. Pero ahora corre peligro. Por eso no quiso venir a verlo el médico, y debe cuidarse. No salir de aquí hasta cuando se reponga. Mientras tanto, yo le traeré comida y veré a dónde se puede ir después.

—No le quiero causar más problemas —la escuálida figura se puso de pie lentamente —creo que ya puedo caminar.

—No haga locuras, mi amigo. Es suficiente con las que habla. Siéntese y coma —el chofer desocupó una parte de la mesa, colocó dos platos con alimentos y mezcló café con leche en dos pocillos.

Comieron en silencio, aunque los pensamientos de ambos giraban alrededor de la angustia y el miedo, por el peligro que los acechaba y por aquellos que habían muerto, y a quienes no bastando con aniquilarlos físicamente, habían sido borrados de las palabras y el recuerdo, hundiendo a otro pueblo, vivo aún, en el letargo del existir a medias, del pensar constante, teniendo su turno en el *desaparecimiento* y el olvido.

Al terminar de comer, el chofer insistió nuevamente:

—¿Se acuerda ya de quién es? ¿De su nombre siquiera? Perdone, Don, pero si no me lo quiere decir por temor, está equivocado. Desde ayer hubiera podido entregarlo a la policía, así que no tenga miedo. Mi madre, mi única hermana y cuatro sobrinos vivían en Santa María de la Bendición, y tuve que olvidarlos. De vez en cuando se escuchaban rumores temerosos, como el que corrió acerca de la hediondera que se sentía en el camino, en los parajes cercanos a ese pueblo. Guardaron silencio nuevamente. El hombre se detuvo la frente con ambas manos, pugnando por recordar. ¿A dónde había relegado su nombre aquella mente por momentos extraviada, pero en otros extrañamente lúcida? ¿Cuáles mecanismos de defensa le hacían olvidar quién era, quién había sido?, sin embargo, recordaba todo lo demás. En vano trataba de alejar aquellas imágenes. Volvían una y otra vez, y otra vez más. Levantó la cabeza y miró al chofer:

—No me acuerdo, y lo siento por usted. Entiendo bien lo que significa que me tenga aquí, pero si ya puedo caminar, me iré enseguida.

—No, mi amigo. Le llamaré así: mi amigo. Tal vez usted fue el único que vio a mis parientes vivos, así que en memoria de ellos, y porque usted quiso ayudarlos, quédese aquí hasta que esté completamente sano. No creo que alguien en el pueblo haya hablado, porque les enseñaron demasiado a olvidar rápidamente, y la memoria que se pierde por el terror es difícil de recuperar. Así que nada de salir a la calle. Acuéstese otra vez. Yo debo ir a trabajar aunque sea sólo en la tarde.

Limpiándose la boca con el dorso de la mano, el chofer se levantó. Un asomo de sonrisa apareció en su boca por primera vez desde su encuentro con el hombre.

—"Qué bueno regresar del trabajo" —pensó el chofer, estirándose al bajar del autobús y encogiéndose otra vez rápidamente al sentir la llovizna salpicándole el rostro. El cansancio y el frío lo hicieron caminar rápidamente por las calles oscuras. No era tarde. Apenas las ocho y el pueblo parecía un cementerio.

—"A pesar de todo hay valientes que salen" —pensó, observando al hombre encorvado que caminaba de prisa y mirando cuidadosamente a todos lados, como si huyese de algo o de alguien —¡Ese bruto! —murmuró reconociendo la flaca silueta— ¡no me hizo caso y salió! ojalá que no nos jodan.

Caminó más rápido, corrió casi, sabiendo que era peligroso. El hombre se dirijía al parque atravesando el atrio de la iglesia. Caminaba tan rápido que no podría alcanzarlo. El chofer se detuvo.

De repente, luces potentes iluminaron la espalda de aquel cuerpo que se encogió como una fiera acorralada:

—¡Comandante Abel!

Se enderezó volviéndose despacio, mostrando a las luces el rostro pálido en donde brillaban aquellos ojos lúcidos, serenos. ¡SU NOMBRE! ¡al fin recordaba su nombre!

Las ráfagas de ametralladora estremecieron los muros de la Iglesia. Mientras las balas rasgaban su carne logró asir el hilo escurridizo de su memoria:

—¡Comandante Abel!

Sintió cómo saltaba y caía. Eran demasiados impactos para un sólo cuerpo. Los huesos, los músculos, los nervios, quedaron destrozados, mientras la manifestación última, la más perfecta de aquella humanidad, se integró con la memoria cabal, completa, de su identidad y de su nombre, reconstruyéndose armoniosa y prístina en el momento final, mostrándole en segundos lo esencial de aquella larga cadena de días, meses años que constituyeron su vida.

—¡Coman...dan...te Abel...!

Comandante de la resistencia en el primer pueblo del cordón defensivo alrededor del nuevo territorio liberado por los revolucionarios.

Las luces se apagaron. Figuras fantasmagóricas retiraron el cadáver cuyos ojos conservaron una expresión límpida, serena. Lavaron la sangre. Se llevaron las armas.

—¡Aquí no ha pasado nada! ordenó el jefe de operaciones.

Adentro de las casas, los cuerpos insomnes se retiraron de las ventanas cerradas y volvieron a las camas. Ahora ya no podrían dormir. Los recuerdos habían vuelto... y había un testigo, uno sólo que lo vio todo a través de los ojos del hombre que acababa de morir.

Santa María de la Bendición, sus pobladores y el Comandante Abel habían recuperado su lugar en la historia.

LILIANA
HEKER

La fiesta ajena

ARGENTINA

Foto: Sara Facio

Liliana Heker nació en Buenos Aires en 1943. Fundó y dirigió, con Abelardo Castillo, las revistas de literatura *El Escarabajo de Oro* (1961-1974) y *El Ornitorrinco* (1977-1986). Escribe narrativa, ensayo y crítica literaria. Sus cuentos han sido traducidos a varios idiomas. En 1966 obtuvo una mención única de Casa de las Américas por el libro de cuentos *Los que vieron la zarza* y en 1987 el Primer Premio Municipal de Novela por la obra *Zona de clivaje*. Ha publicado además *Acuario* (cuentos, 1982); *Un resplandor que se apagó en el mundo* (tríptico de nouvelles, 1977); *Las peras del mal* (cuentos, 1982) y *Los bordes de lo real* (cuentos completos, 1991). De este último, publicado por Alfaguara, procede el cuento "La fiesta ajena".

Empecé a escribir a los cuatro años, en el patio de la casa de mi abuela. Yo solía dar vueltas por ese patio mientras fraguaba historias que me volvieran más interesante —o menos intolerable— el mundo real. Cuando un episodio o personaje no encajaba bien lo modificaba, hecho que a su vez —para que ningún cabo quedara suelto— me imponía nuevos cambios, que a su vez contenían nuevos desperfectos que yo, para que ningún cabo quedara suelto... Y así hasta el infinito, o hasta la puerta misma de la felicidad que estaba ahí, a un paso, y que se me presentaría en todo su esplendor apenas yo consiguiera eliminar la última imperfección.

Mi oficio de escribir no difiere mucho de esa manía temprana. La trama de un cuento o de una novela suele aparecérseme difusa, y más difuso aún cierto aliento de horror, de catástrofe, o de belleza, que yo sospecho escondido en esa trama y es exactamente lo que deseo comunicar. Entonces vienen las *vueltas al patio*: la persecución de las palabras, el cruce feliz de algún personaje o párrafo imprevisto, mucha imaginería inútil agonizando en el cesto de papeles.

La primera versión de un texto suele ser, para mí, nada más que un mal necesario. Esta generosa posibilidad del oficio literario —posibilidad que no ofrece la vida— de sustituir una palabra por otra, de reordenar situaciones, de urdir como una música la frase final, constituye para mí la verdadera embriaguez del acto de escribir. Es cuando mi locura, y mi pequeño ser pensante, y aun mi cuerpo —porque también las manos y el cuerpo entero se tensan y se regocijan para la acción—, cuando todo lo que soy canta al unísono y me convierto, fugazmente, en una mujer armónica, en concordancia con el universo.

Extracto de los comentarios de Liliana Heker para esta edición.

Nomás llegó, fue a la cocina a ver si estaba el mono. Estaba y eso la tranquilizó: no le hubiera gustado nada tener que darle la razón a su madre. *¿Monos en un cumpleaños?*, le había dicho; *¡por favor! Vos sí que te creés todas las pavadas que te dicen.* Estaba enojada pero no era por el mono, pensó la chica: era por el cumpleaños.

—No me gusta que vayas —le había dicho—. Es una fiesta de ricos.

—Los ricos también se van al cielo —dijo la chica, que aprendía religión en el colegio.

—Qué cielo ni cielo —dijo la madre—. Lo que pasa es que a usted, m'hijita, le gusta cagar más arriba del culo.

A la chica no le parecía nada bien la manera de hablar de su madre: ella tenía nueve años y era una de las mejores alumnas de su grado.

—Yo voy a ir porque estoy invitada —dijo—. Y estoy invitada porque Luciana es mi amiga. Y se acabó.

—Ah, sí, tu amiga —dijo la madre. Hizo una pausa—. Oíme, Rosaura —dijo por fin—, ésa no es tu amiga. ¿Sabés lo que sos vos para todos ellos? Sos la hija de la sirvienta, nada más.

Rosaura parpadeó con energía: no iba a llorar.

—Calláte —gritó—. Qué vas a saber vos lo que es ser amiga.

Ella iba casi todas las tardes a la casa de Luciana y preparaban juntas los deberes mientras su madre hacía la limpieza. Tomaban la leche en la cocina y se contaban secretos. A Rosaura le gustaba enormemente todo lo que había en esa casa. Y la gente también le gustaba.

—Yo voy a ir porque va a ser la fiesta más hermosa del mundo, Luciana me lo dijo. Va a venir un mago y va a traer un mono y todo.

La madre giró el cuerpo para mirarla bien y ampulosamente apoyó las manos en las caderas.

—¿Monos en un cumpleaños? —dijo—. ¡Por favor! Vos sí que te creés todas las pavadas que te dicen.

Rosaura se ofendió mucho. Además le parecía mal que su madre acusara a las personas de mentirosas simplemente porque eran ricas. Ella también quería ser rica, ¿qué?, si un día llegaba a vivir en un hermoso palacio, ¿su madre no la iba a querer tampoco a ella? Se sintió muy triste. Deseaba ir a esa fiesta más que nada en el mundo.

—Si no voy me muero —murmuró, casi sin mover los labios.

Y no estaba muy segura de que se hubiera oído, pero lo cierto es que la mañana de la fiesta descubrió que su madre le había almidonado el vestido de Navidad. Y a la tarde, después que le lavó la cabeza, le enjuagó el pelo con vinagre de manzanas para que le quedara bien brillante. Antes de salir Rosaura se miró en el espejo, con el vestido blanco y el pelo brillándole, y se vio lindísima.

La señora Inés también pareció notarlo. Apenas la vio entrar, le dijo:

—Qué linda estás hoy, Rosaura.

Ella, con las manos, impartió un ligero balanceo a su pollera almidonada: entró a la fiesta con paso firme. Saludó a Luciana y le preguntó por el mono. Luciana puso cara de conspiradora; acercó su boca a la oreja de Rosaura.

—Está en la cocina —le susurró en la oreja—. Pero no se lo digas a nadie porque es un secreto.

Rosaura quiso verificarlo. Sigilosamente entró en la cocina y lo vio. Estaba meditando en su jaula. Tan cómico que la chica se quedó un buen rato mirándolo y después, cada tanto, abandonaba a escondidas la fiesta e iba a verlo. Era la única que tenía permiso para entrar en la cocina, la señora Inés se lo había dicho: "Vos sí pero ningún otro, son muy revoltosos, capaz que rompen algo". Rosaura, en cambio, no rompió nada. Ni siquiera tuvo problemas con la jarra de naranjada, cuando la llevó desde la cocina al comedor. La sostuvo con mucho cuidado y no volcó ni una gota. Eso que la señora Inés le había dicho: "¿Te parece que vas a poder con esa jarra tan grande?". Y claro que iba a poder: no era de manteca, como otras. De manteca era la rubia del moño en la cabeza. Apenas la vio, la del moño le dijo:

—¿Y vos quién sos?

—Soy amiga de Luciana —dijo Rosaura.

—No —dijo la del moño—, vos no sos amiga de Luciana porque yo soy la prima y conozco a todas sus amigas. Y a vos no te conozco.

—Y a mí qué me importa —dijo Rosaura—, yo vengo todas las tardes con mi mamá y hacemos los deberes juntas.

—¿*Vos y tu mamá* hacen los deberes juntas? —dijo la del moño, con una risita.

—*Yo y Luciana* hacemos los deberes juntas —dijo Rosaura, muy seria.

La del moño se encogió de hombros.

—Eso no es ser amiga —dijo—. ¿Vas al colegio con ella?

—No.

—¿Y entonces de dónde la conocés? —dijo la del moño, que empezaba a impacientarse.

Rosaura se acordaba perfectamente de las palabras de su madre. Respiró hondo:

—Soy la hija de la empleada —dijo.

Su madre se lo había dicho bien claro: *Si alguno te pregunta, vos le decís que sos la hija de la empleada, y listo.* También le había dicho que tenía que agregar: *y a mucha honra.* Pero Rosaura pensó que nunca en su vida se iba a animar a decir algo así.

—¿Qué empleada? —dijo la del moño—. ¿Vende cosas en una tienda?

—No —dijo Rosaura con rabia—, mi mamá no vende nada, para que sepas.

—¿Y entonces cómo es empleada? —dijo la del moño.

Pero en ese momento se acercó la señora Inés haciendo *shh shh*, y le dijo a Rosaura si no la podía ayudar a servir las salchichitas, ella que conocía la casa mejor que nadie.

—Viste —le dijo Rosaura a la del moño, y con disimulo le pateó un tobillo.

Fuera de la del moño todos los chicos le encantaron. La que más le gustaba era Luciana, con su corona de oro; después los varones. Ella salió primera en la carrera de embolsados y en la marcha agachada nadie la pudo agarrar. Cuando los dividieron en equipos para jugar al delegado, todos los varones pedían a gritos que la pusieran en su equipo. A Rosaura le pareció que nunca en su vida había sido tan feliz.

Pero faltaba lo mejor. Lo mejor vino después que Luciana apagó las velitas. Primero, la torta: la señora Inés le había pedido que la ayudara a servir la torta y Rosaura se divirtió muchísimo porque todos los chicos se le vinieron encima y le gritaban "a mí, a mí". Rosaura se acordó de una historia donde había una reina que tenía derecho de vida y muerte sobre sus súbditos. Siempre le había gustado eso de tener derecho de vida y muerte. A Luciana y a los varones les dio los pedazos más grandes, y a la del moño una tajadita que daba lástima.

Después de la torta llegó el mago. Era muy flaco y tenía una capa roja. Y era mago de verdad. Desanudaba pañuelos con un solo soplo y enhebraba argollas que no estaban cortadas por ninguna parte. Adivinaba las cartas y el mono era el ayudante. Era muy raro el mago: al mono lo llamaba socio. "A ver, socio, dé vuelta una carta", le decía. "No se me escape, socio, que estamos en horario de trabajo".

La prueba final era la más emocionante. Un chico tenía que sostener al mono en brazos y el mago lo iba a hacer desaparecer.

—¿Al chico? —gritaron todos.

—¡Al mono! —gritó el mago.

Rosaura pensó que ésta era la fiesta más divertida del mundo.

El mago llamó a un gordito, pero el gordito se asustó enseguida y dejó caer al mono. El mago lo levantó con mucho cuidado, le dijo algo en secreto, y el mono hizo que sí con la cabeza.

—No hay que ser tan timorato, compañero —le dijo el mago al gordito.

—¿Qué es timorato? —dijo el gordito.

El mago giró la cabeza hacia uno y otro lado, como para comprobar que no había espías.

—Cagón —dijo—. Vaya a sentarse, compañero.

Después fue mirando, una por una, las caras de todos. A Rosaura le palpitaba el corazón.

—A ver, la de los ojos de mora —dijo el mago. Y todos vieron cómo la señalaba a ella.

No tuvo miedo. Ni con el mono en brazos, ni cuando el mago hizo desaparecer al mono, ni al final, cuando el mago hizo ondular su capa roja sobre la cabeza de Rosaura, dijo las palabras mágicas... y el mono apareció otra vez allí, lo más contento entre sus brazos. Todos los chicos aplaudieron a rabiar. Y antes de que Rosaura volviera a su asiento, el mago le dijo:

—Muchas gracias, señorita condesa.

Eso le gustó tanto que un rato después, cuando su madre vino a buscarla, fue lo primero que le contó.

—Yo lo ayudé al mago y el mago me dijo: "Muchas gracias, señorita condesa".

Fue bastante raro porque, hasta ese momento, Rosaura había creído que estaba enojada con su madre. Todo el tiempo había pensado que le iba a decir: "¿Viste que no era mentira lo del mono?" Pero no. Estaba contenta, así que le contó lo del mago.

Su madre le dio un coscorrón y le dijo:

—Mírenla a la condesa.

Pero se veía que también estaba contenta.

Y ahora estaban las dos en el hall porque un momento antes la señora Inés, muy sonriente, había dicho: "Espérenme un momentito".

Ahí la madre pareció preocupada.

—¿Qué pasa? —le preguntó a Rosaura.

—Y qué va a pasar —le dijo Rosaura—. Que fue a buscar los regalos para los que nos vamos.

Le señaló al gordito y a una chica de trenzas, que también esperaban en el hall al lado de sus madres. Y le explicó cómo era el asunto de los regalos. Lo sabía bien porque había estado observando a los que se iban antes. Cuando se iba una chica, la señora Inés le regalaba una pulsera. Cuando se iba un chico, le regalaba un yo-yo. A Rosaura le gustaba más el yo-yo, porque tenía chispas, pero eso no se lo contó a su madre. Capaz que le decía: "Y entonces, ¿por qué no le pedís el yo-yo, pedazo de sonsa?" Era así su madre. Rosaura no tenía ganas de explicarle que le daba vergüenza ser la única distinta. En cambio le dijo:

—Yo fui la mejor de la fiesta.

Y no habló más porque la señora Inés acababa de entrar en el hall con una bolsa celeste y una bolsa rosa.

Primero se acercó al gordito, le dio un yo-yo que había sacado de la bolsa celeste, y el gordito se fue con su mamá. Después se acercó a la de trenzas, le dio una pulsera que había sacado de la bolsa rosa, y la de trenzas se fue con su mamá.

Después se acercó a donde estaban ella y su madre. Tenía una sonrisa muy grande y eso le gustó a Rosaura. La señora Inés la miró, después miró a la madre, y dijo algo que a Rosaura la llenó de orgullo. Dijo:

—Qué hija que se mandó, Herminia.

Por un momento, Rosaura pensó que a ella le iba a hacer los dos regalos: la pulsera y el yo-yo. Cuando la señora Inés inició el ademán de buscar algo, ella también inició el movimiento de adelantar el brazo. Pero no llegó a completar ese movimiento.

Porque la señora Inés no buscó nada en la bolsa celeste, ni buscó nada en la bolsa rosa. Buscó algo en su cartera.

En su mano aparecieron dos billetes.

—Esto te lo ganaste en buena ley —dijo, extendiendo la mano—. Gracias por todo, querida.

Ahora Rosaura tenía los brazos muy rígidos, pegados al cuerpo, y sintió que la mano de su madre se apoyaba sobre su hombro. Instintivamente se apretó contra el cuerpo de su madre. Nada más. Salvo su mirada. Su mirada fría, fija en la cara de la señora Inés.

La señora Inés, inmóvil, seguía con la mano extendida. Como si no se animara a retirarla. Como si la perturbación más leve pudiera desbaratar este delicado equilibrio.

CLARICE LISPECTOR

El primer beso

BRASIL

Foto: Revista El Urogallo

CLARICE LISPECTOR (1926 –1977) era de origen judío y nació en Ukrania. A los pocos meses de nacida se trasladó con sus padres a Brasil. Su primera novela, *Cerca del corazón salvaje,* —escrita mientras estudiaba en la Facultad de Derecho— recibió el premio Graça Aranha. A esa obra le siguió una profusión de publicaciones que atrajo el interés de la mejor crítica brasileña, que la sitúa, junto con Guimarães Rosa, en el centro de la narrativa de vanguardia brasileña. Entre sus pocas obras traducidas al español se encuentra *La pasión según G.H.,* considerada por la crítica como su obra más lograda. El cuento que incluimos en esta edición pertenece al libro *Felicidad clandestina,* uno de los dos volúmenes de relatos traducidos al español.

Comentarios sobre la obra de Clarice Lispector:

Esa Clarice que cuidaba a su perro Ulises, que llamaba a altas horas de la madrugada a sus interlocutores o que huía de reuniones en las que iba a ser homenajeada poco antes de que comenzaran, era la misma que, malamente disfrazada de Angela, G.H. o Joana, hablaba en sus libros.
—*Antonio Maura*
(El Urogallo, Madrid, julio–agosto de 1995.)

Mirada furibunda, voz que se esfuerza, escritura que se afana en hurgar, en desenterrar, en desolvidar: ¿qué? Lo vivo, los inagotables misterios de nuestra "habitación" en la tierra. Sus textos cuentan historias de destellos, son "hechos" como ella dice, momentos, ahoras de vida, que representan un juego de dramas brutales.

—*Heléne Cixus*
(La risa de la medusa, Editorial Universitaria,
San Juan, 1994.)

EL PRIMER BESO

Más que conversar, aquellos dos susurraban: hacía poco que el romance había empezado y andaban tontos, era el amor. Amor con lo que trae aparejado: celos.

—Está bien, te creo que soy tu primera novia, me pone contenta. Pero dime la verdad: ¿nunca antes habías besado a una mujer?

—Sí, ya había besado a una mujer.

—¿Quién era? —preguntó ella dolorida.

Toscamente él intentó contárselo, pero no sabía cómo.

El autobús de excursión subía lentamente por la sierra. Él, uno de los muchachos en medio de la muchachada bulliciosa, dejaba que la brisa fresca le diese en la cara y se le hundiera en el pelo con dedos largos, finos y sin peso como los de una madre. Qué bueno era quedarse a veces quieto, sin pensar casi, sólo sintiendo. Concentrarse en sentir era difícil en medio de la barahúnda de los compañeros.

Y hasta la sed había empezado: jugar con el grupo, hablar a voz en cuello, más fuerte que el ruido del motor, reír, gritar, pensar, sentir... ¡Caray! Cómo se secaba la garganta.

Y ni sombra de agua. La cuestión era juntar saliva, y eso fue lo que hizo. Después de juntarla en la boca ardiente la tragaba despacio, y luego una vez más, y otra. Era tibia, sin embargo, la saliva, y no quitaba la sed. Una sed enorme, más grande que él mismo, que ahora le invadía todo el cuerpo.

La brisa fina, antes tan buena, al sol del mediodía se había tornado ahora árida y caliente, y al entrarle por la nariz le secaba todavía más la poca saliva que había juntado pacientemente.

¿Y si tapase la nariz y respirase un poco menos de aquel viento del desierto? Probó un momento, pero se ahogaba en seguida. La cuestión era esperar, esperar. Tal vez minutos apenas, tal vez horas, mientras que la sed que él tenía era de años.

No sabía cómo ni por qué, pero ahora se sentía más cerca del agua, la presentía más próxima, y los ojos se le iban más allá de la ventana recorriendo la carretera, penetrando entre los arbustos, explorando, olfateando.

El instinto animal que lo habitaba no se había equivocado: tras una inesperada curva de la carretera, entre arbustos, estaba... la fuente de donde brotaba un hilillo del agua soñada.

El autobús se detuvo, todos tenían sed, pero él consiguió llegar primero a la fuente de piedra, antes que nadie.

Cerrando los ojos entreabrió los labios y ferozmente los acercó al orificio de donde chorreaba el agua. El primer sorbo fresco bajó, deslizándose por el pecho hasta el estómago.

Era la vida que volvía, y con ella se encharcó todo el interior arenoso hasta saciarse. Ahora podía abrir los ojos.

Los abrió, y muy cerca de su cara vio dos ojos de estatua

que lo miraban fijamente, y vio que era la estatua de una mujer, y que era de la boca de la mujer de donde el agua salía. Se acordó de que al primer sorbo había sentido realmente un contacto gélido en los labios, más frío que el agua.

Y entonces supo que había acercado la boca a la boca de la mujer de la estatua de piedra. La vida había chorreado de aquella boca, de una boca hacia otra.

Intuitivamente, confuso en su inocencia, se sintió intrigado: pero si no es de la mujer de quien sale el líquido vivificante, el líquido germinador de la vida... Miró la estatua desnuda.

La había besado.

Lo invadió un temblor que desde fuera no se veía y que, empezando muy adentro, se apoderó de todo el cuerpo y convirtió el rostro en brasa viva.

Dio un paso hacia atrás o hacia delante, ya no sabía qué estaba haciendo. Perturbado, atónito, se dio cuenta de que una parte de su cuerpo, antes siempre serena, estaba ahora en una tensión agresiva, y eso no le había ocurrido nunca.

Dulcemente agresivo, se hallaba de pie, solo en medio de los demás con el corazón latiendo pausada, profundamente, sintiendo cómo se transformaba el mundo. La vida era totalmente nueva, era otra, descubierta en un sobresalto. Estaba perplejo, en un equilibrio frágil.

Hasta que, surgiendo de lo más hondo del ser, de una fuente oculta en él chorreó la verdad. Que en seguida lo llenó de miedo y también de un orgullo que no había sentido nunca. Se había...

Se había hecho hombre.

ANDREA
MATURANA

Yo a las mujeres me las imaginaba bonitas

CHILE

Foto: Homero Monsalves

ANDREA MATURANA nació en Santiago de Chile en abril de 1969. Estudió biología, pero desde siempre se interesó por escribir. Cuando pequeña, lo hacía en hojas blancas que luego doblaba cuidadosamente para hacer pequeños libritos que ella misma ilustraba. Más tarde, comenzó a participar en talleres literarios y se dedicó sistemáticamente a escribir. A los 17 años recibió el primer reconocimiento a su trabajo como escritora: una mención honrosa en el concurso Bata "Cuentos de mi país". En 1993 se graduó de bióloga y desde entonces trabaja en la Universidad Católica de Chile. Sus cuentos han sido publicados en numerosas antologías, entre las que se destacan: *Nuevos cuentos eróticos* (1991) y *Los pecados capitales* (1993). En 1992, la Editorial Los Andes de Santiago de Chile publica su primer libro de cuentos titulado *(Des)encuentros (des)esperados* que va por su quinta edición. Es en este libro donde aparece el cuento seleccionado para la presente antología.

No sé por qué, pero ser escritor es considerado socialmente como algo envidiable, cuando en realidad implica tener una habilidad como cualquier otra. Es cierto que la escritura, cuando es publicada, tiene la ventaja de llegar a mucha gente, pero no es envidiable como actividad. Escribir no hace más felices a los escritores que a los ingenieros el hecho de resolver una ecuación. No creo que seamos más felices. Al revés, los escritores somos un lío... Para escribir bien se necesita tener una suerte de morbo: hay que observar demasiado, desmenuzar demasiado; entonces, de pronto, te das cuenta de que has mirado mucho y participado poco en las cosas que te han pasado.

El cuento "Yo a las mujeres me las imaginaba bonitas" surgió de una conversación que escuché hace algunos años. Alguien comentaba cómo era aquello de la menstruación, tiempo atrás, cuando las mujeres usaban trozos de tela mal sujetos que había que fabricar, lavar, conservar. Recuerdo haber oído que el mayor temor era sentir que uno de esos trapitos comenzaba a caerse entre las piernas; sobre todo cuando se era niña, apenas adolescente, poco familiarizada con esos afanes. Y pensé que si bien la vivencia de esta situación implicaba una fuerte angustia, podía ser aún más angustiante para un espectador menor, que no estuviera suficientemente informado y que viera, de pronto, caer una tela ensangrentada del cuerpo de un ser querido. Esa idea se plasmó en un cuento durante una sesión de taller, y luego de varias correcciones, se convirtió en "Yo a las mujeres me las imaginaba bonitas", cuento que pretende reflejar esa idea: la del espectador ingenuo y su fantasía.

Extracto de una entrevista a Andrea Maturana publicada en la revista Caras de Santiago, en febrero de 1993 y comentario acerca de su cuento.

Yo a las mujeres me las imaginaba bonitas, pintadas como la rubia de la esquina que siempre sale a la calle cuando empieza a oscurecerse, pero la Chana llegó a la casa gritando el otro día y le dijo a la mamá que no se había atrevido a contarle nada a la señorita, que lo que le pasaba era demasiado terrible. Entonces se había escapado nomás del colegio por arriba de la pandereta, congelada de miedo de no alcanzar a llegar y caerse muerta por el camino.

La mamá estaba lavando cuando llegó con el berrinche y, como siempre que la Chana hace alharacas, ni se dio vuelta para mirarla mientras ella lloraba y lloraba, hasta que la Chana le dijo algo de una herida que yo no pude oír bien. Ahí la hizo callar porque estaba yo y le dijo que mejor se iban a conversar detrás de la casa para que la hermana chica —o sea yo— no escuchara. Pero por la muralla del fondo se oye todo y yo me puse bien cerca hasta pegar la oreja... igual la Chana habló gritando todo el rato aunque la mamá la hacía callar por mí.

Claro que ahora que lo pienso mejor las mujeres no tienen por qué ser bonitas. Por ejemplo, la mamá es mujer y es muy guatona. Yo creo que por eso el papá se fue y la dejó sola. Las mujeres que les gustan a los hombres son las bonitas, como la rubia, que nunca anda sola.

Algo se puso a decir la Chana, que ahora sí que sabía que eso estaba mal, que hace días la vino a dejar el Tito después de esa fiesta que hubo hasta bien tarde (yo quería esperarla, pero me quedé dormida) y los dos se quedaron atrás, en el patio chico, tocándose, pero que ahora estaba arrepentida de todo y no se quería morir por esa herida que tenía.

Como la mamá la quiere harto a la Chana la consoló altiro, claro que primero le dio unas cachetadas y le dijo cochina, desobediente. Pero después la tranquilizó riéndose y le dijo que no le iba a pasar nada, que se quedara callada de una vez y le diera a ella los calzones para lavarlos mientras la Chana buscaba otro par en los cajones y además un trapo limpio. Le dijo que desde ahora iba a tener que preocuparse de lavarlos y cambiarlos hartas veces al día por todos los meses y años. Porque ya eres mujer, le dijo después.

Yo no entiendo qué tiene que ver ser mujer con eso de los trapos. Parece que todas las mujeres lavan ropa cuando grandes como la mamá, sólo que a algunas no se les nota. Capaz que la rubia de la esquina también. Yo creo que el Tito a la Chana tiene que haberle pegado por fea cuando vinieron juntos a la casa, y que él le hizo la herida. Si todos los hombres pegan, y a lo mejor por eso le dijo la mamá a la Chana que ya era mujer.

Después de un rato se fue a cambiar de calzones al lugar más apartado, pero yo igual la vi cómo lloraba, despacio sin que oyera la mamá y le pudiera volver a pegar. Pero la mamá ya estaba metiendo los calzones sucios en un tiesto con agua que salió colorada, y se rió. Cuando la Chana salió a jugar medio moqueando todavía la miró con burla y de nuevo la cacheteó para que no hiciera más cochinadas con el Tito, le dijo.

Yo fui detrás de ella para ver si así entendía mejor. Llegó a jugar al luche con las de la otra cuadra que se hacen sus amigas, pero igual nomás cuchichean cuando ella no está.

Como en la mitad del juego, la Chana tuvo que saltar bien lejos y por debajo del yamper cayó un trapo lleno de sangre, igual que el que me pusieron a mí cuando me hice la herida en la rodilla. Yo creí que se iba a morir, pero ella más que susto tenía como vergüenza; dejó todo botado y corrió a la casa llorando mientras las demás no paraban de reírse y apuntarla con el dedo.

Yo no sé por qué pasó esto justo ahora que Javier, ése de lentes que va en mi curso, me ofreció hacerme la tarea y después llevarme un día a la casa. Y a mí me estaba empezando a gustar. Pero yo no quiero que me acompañe de vuelta del liceo y me pegue después como el Tito, no quiero ser mujer y tener una herida como la Chana, ni crecer y ponerme guatona y que los hombres me peguen. Así que voy a inventar cualquier cosa y me voy a venir sola a la casa mejor. Aunque esté oscuro.

VIVIANA MELLET

La otra Mariana

PERÚ

Viviana Mellet nació en Lima, Perú en 1959. Es graduada de Letras en la Universidad Católica de su país. Desde 1984 viene coleccionando premios y menciones honrosas por sus cuentos "El Cuento de las Mil Palabras", "Fiesta", "Al borde de la locura" y "El buen aire de la noche". "La otra Mariana", el cuento incluido en esta antología, obtuvo mención honrosa en el concurso organizado por la Asociación Peruano-Japonesa en 1991. Su primer libro, *La mujer alada*, fue premiado en 1993 y publicado en 1994 por Ediciones PEISA.

Me he preguntado muchas veces por qué escribo, intentando tener bajo la manga una respuesta ingeniosa a la incómoda pregunta de cajón en la mayoría de las entrevistas. Si en realidad tienen que existir razones para hacerlo, he llegado a la conclusión de que las mías son las mismas que las de uno de los escritores a los que quiero más y a quien admiro precisamente por su arte para hacerse querer a través de sus libros: Alfredo Bryce Echenique, quien afirma que uno escribe para que lo quieran más.

Algunas personas sentimos que la abrumadora, la desbordante manera en que la vida nos conmueve es imposible de expresar. Creemos padecer la absoluta incapacidad de manifestar nuestros afectos y nuestras pasiones por los conductos regulares y sorteando el hastío de lo cotidiano. La escritura de ficciones que recrean, una y otra vez, el mundo que nos rodea —a veces cómplice, muchas veces hostil— es nuestra manera de satisfacer la imperiosa necesidad de expresarnos despojados de todo disfraz. Sin embargo, tengo la certeza de que el ejercicio de escribir nunca me dejará satisfecha si lo que escribo no sirve para tocar el corazón de, al menos, un lector, no me dejará satisfecha si, lo que escribo, no sirve para que me quieran, al menos, un poquito más.

Pienso que la capacidad de soñar y no perder la esperanza es privilegio de los jóvenes y escribir es una manera de soñar y esperar. En fin, creo que, entre otros motivos, escribo un poco para conservar la juventud y otro poco para, en el corazón de otros, sobrevivir a la muerte.

Comentarios de la autora para esta edición.

La otra Mariana

La luz. Ernesto se levanta para encenderla. Esta hora siempre lo llena de zozobra. El cielo se pone lívido y las nubes parecen apurarse, como la gente que, en la calle, corre para alcanzar el colectivo. Los fluorescentes parpadean antes de iluminar la oficina, mientras Ernesto vuelve a su escritorio. Termina de anotar números en una planilla, la dobla y la deposita en una gaveta. Luego ordena unos papeles, guarda la agenda dentro del cajón, se pone el saco y sale.

En el vestíbulo del edificio el portero toma café con bizcochos. Se le hizo tarde otra vez, le dice, tocándose la gorra a manera de despedida. Él le responde encongiéndose de hombros. Habrá que tomar un taxi, qué remedio, sin auto y a esta hora. No está acostumbrado a caminar por el centro. Normalmente, entra y sale en auto. Con el tránsito sí sabe defenderse. En cambio a pie tropieza con la gente, pisa la mercadería de los ambulantes, roza las paredes inmundas.

Detiene el primer taxi que divisa libre entre el barullo de los autobuses y sus bocinas. Sube como quien se aferra a un salvavidas. Ya adentro se da cuenta de que es un carro destartalado, con los asientos cubiertos de cretona descolorida y sucia. Huele a pescado y el conductor parece ser de los que hablan de política. Él no tiene ninguna gana de conversar, pero mientras el auto alcanza la avenida siente un gran alivio, casi felicidad. Va camino a casa. El aire que entra por la ventanilla malograda lo despeina, se lleva el olor a pescado y el centro va quedando atrás. También van quedando atrás los edificios enmohecidos y la muchedumbre, y la noche se define ya sobre los árboles de la avenida. Recién repara en que el taxista no ha tomado la vía expresa. ¡Demasiado tarde! Es de los que les gusta conversar y no le importa demorarse con los semáforos cada dos cuadras; esto es más bien un agradable pretexto para prolongar la charla. El hombre le está contando una nueva versión de la última bola que ya le comentaron a la hora del almuerzo: el surgimiento de un nuevo grupo terrorista, al parecer de extrema derecha. Él responde con monosílabos. Sólo piensa en llegar a casa, pegarse un duchazo y tomarse un whisky en las rocas en el saloncito a media luz. Hoy fue un día de miércoles. Es miércoles y él sólo quiere sentarse en el saloncito a media luz y ver un video. El taxista insiste en que el nuevo grupo terrorista es el resultado de los pésimos sueldos de los policías, que ahora están resentidos con el gobierno. Ernesto aprueba, alguna película con muchos exteriores, mucho verde y mucho azul; una mujer rubia como Úrsula Andress o Bo Derek, en una playa tropical o algo así. Sí... efectivamente, muy mal pagados los tombos. El taxista se ha entusiasmado en su plática, porque hay algo que obstruye el tránsito; un ómnibus inmenso de lado a lado. Y ahora, con el auto detenido, puede especular a sus anchas sobre lo que dirá esta noche el ministro del Interior.

Es entonces cuando Ernesto la ve. "¡Mariana!", piensa. Bajo la luz verde de un aviso de neón, su palidez se acentúa dándole un aire fantasmal. Es fantasmal, además, la aparición, pues se trata del negativo de Mariana. Idéntica, pero opuesta. Lo que en Mariana es esbeltez, en la muchacha es debilidad; lo que en Mariana vivacidad, en la otra nerviosismo; lo que en una es atributo, en la otra es imperfección. El taxi sigue detenido. Ernesto paga. Me bajo aquí, dice, sin esperar el vuelto. Si no fuera porque sabe que en estos momentos Mariana debe de estar accionando el control remoto, la puerta del garaje abriéndose suavemente, las llantas del Jaguar estrujando como celofán el cascajo del porche, juraría que lleva una doble vida.

Tienes una doble, le diría más tarde, igualita a ti, caminando por otras calles, viviendo una vida en dirección exactamente opuesta a la tuya. Si no fuera porque sabe que Mariana regresa del vernissage de la Chichi, feliz con su nuevo Márquez. La sigue subyugado por el fantástico parecido y por la diferencia abismal. Y porque siente que ha ingresado a otra dimensión de espacio y de tiempo, y que él también se ha desdoblado, y que el hombre que camina detrás de la muchacha no obedece ya a su voluntad.

El pelo le llueve sobre los hombros —opaco, sin cremas, sin tratamientos, sin hebilla de carey— a esta caricatura de Mariana que libera el seguro de un coche oxidado y lo empuja con una mano. La otra la tiene ocupada con una bolsa llena de pan. El niño que va a pie se coge de su falda, lloroso. Upa, le pide. Ella lo mira con desasosiego y le dice algo que Ernesto no alcanza a oír. Está a unos diez metros y he empezado a seguirla sabiendo que es absurdo, pero que lo hará de todos modos. La muchacha se interna por una calle oscura. Unos palomillas juegan pelota en la pista. La pelota alcanza al niño, que transforma su gimoteo en llanto franco y se niega a seguir caminando. La mano de Mariana —pero sin anillos Cartier, de plata quemada con oro, de brillante ruso— suelta el coche para consolar con una caricia al niño que solloza. El coche empieza a resbalar acera abajo. Ella lo alcanza y lo detiene con brusquedad. Ahora el bebe del coche también está llorando. Tres panes han caído de la bolsa y han rodado hasta un charco. Mariana —que no está acostumbrada a lidiar con los niños, porque para eso están las nanas— se impacienta, insinúa un pataleo, levanta la voz, pero termina por cargar al niño. Echa a andar empujando el coche con la pierna. La pierna de Mariana que olvidó depilar, que no depila, que afeita con la prestobarba del marido. Ernesto adivina la aspereza de la pantorrilla de la otra Mariana que dobla la esquina haciendo malabares con el coche. Las lágrimas y los mocos del hijo resbalan por el hombro encorvado. Ha oscurecido ya pero Ernesto continúa con la sensación de abandono del crepúsculo. Por las ventanas que dan a la vereda ve los televisores encendidos en los comedores. Las familias comen mudas, absortas en las palabras del ministro del Interior. A esta Mariana se le acabó el gas, seguro, y esta noche, para la cena, servirá pan con palta y café con leche. Está cansada y desesperada porque los dos niños lloran a la vez y todavía tiene que ir a hervir agua a casa de la vecina.

En casa, Mariana ha encendido la radio —hoy hay programa de jazz—, fuma un cigarrillo y, arrellanada en el sofá, decide que ya es tiempo de cambiar el tapiz de la chaise lounge. Tal vez algo como oriental y unas palmeras hawaianas detrás... y, en la pared, el nuevo Márquez... O no, mejor una ensalada de frutas y, parada junto a la carretilla del frutero, sus alpargatas percudidas pisan unas cáscaras de plátano. Y a Ernesto le asombra cuánto tiene de Mariana, su Mariana sin las ventajas de su protección, de su amor y de toda su prosperidad.

Cuánto de vulgar y desdeñable en el cansancio de esta muchacha. Y, sin embargo, por qué Ernesto siente, a la vez, una amarga ternura. Un riesgo en la vida de Mariana eliminado en el preciso instante de jurarle *hasta que la muerte nos separe*. Entonces él todo se lo ofrece, porque una mujer así *se merece lo mejor del mundo*. ¿Qué se merece este calco borroneado de Mariana? ¿Acaso puede acercarse a ella y tenderle la mano? ¿Sacarla de esta dimensión como si la arrancara de una viñeta? Y recuperar a la Mariana de cuando todavía todo era una posibilidad. Hundir la cara en su axila tibia y jurarle, te voy a hacer feliz, Mariana, te voy a dar todo lo que te mereces, tendrás lo que se te antoje. Pero, por favor, no cambies la mirada, no adoptes ese gesto de desdén en la boca, no pongas más esa cara de aburrida satisfacción.

Cruzaré la calle, piensa Ernesto, mientras la muchacha escoge unas naranjas. Le daré la espalda y no miraré más a este remedo triste de Mariana. Es cuestión de sólo cinco o seis cuadras y ya estará caminando por las calles arboladas de su barrio, llegando a su casa, sintiendo el crujir del cascajo bajo los pies y luego lo mullido de la alfombra. Mariana le mostrará con suficiencia su nuevo Márquez y le anunciará que un shantung albaricoque le cae a pelo a la chaise lounge. Y Ernesto le dirá, envuelto en la bata de felpa, y con el vaso en la mano y los cubos de hielo tintineando, tienes una doble, Mariana; aquí cerca, al otro lado del parque. Ella lo mirará desde el rabillo del ojo, que quién en ese barrio puede parecerse a mí, por favor, Ernesto... Una muchacha en alpargatas, cargada de bolsas, cuyo hombro húmedo Ernesto desea tocar ahora, para rescatarla de su chata existencia y, acaso, recuperar una mirada.

Pero Mariana lo mira desde muy adentro de la historia en la que está atrapado. Lo mira con esa mirada de reproche y le está diciendo que qué hace ahí parado, que la ayude con las bolsas, que se le acabó el gas, caramba, que cuándo le comprará el balón de repuesto. ¡Carga, pues, hombre! —le está diciendo, malhumorada, como siempre—. No puede con tanto peso. ¡Ah! Y te lo advierto: no hay ni gota de agua.

SILVIA MOLINA

La casa nueva

MÉXICO

Foto: © León Rafael

SILVIA MOLINA nació en México, D.F., en octubre de 1946 y se licenció en lengua y literaturas hispánicas. Es novelista y cuentista, además de cultivar la literatura infantil. Ha sido catedrática de la Universidad Autónoma de México, donde impartió talleres de redacción y de creación. También fue profesora visitante en la Universidad Brigham Young de Utah, E. U. A. Obtuvo el Premio Xavier Villaurrutia por su novela *La mañana debe seguir gris*. Fue becaria del Centro Mexicano de Escritores en 1979-80, y del "International Writing Program" de la Universidad de Iowa. Sus obras más conocidas son *La mañana debe seguir gris* (1976), *La familia vino del norte* (novela, 1989), *Dicen que me case yo* (Cuentos, 1989) y *Un hombre cerca* (cuentos, 1992). Sus libros se reeditan continuamente y algunos han sido traducidos al inglés.

Cuando comencé a escribir lo hacía por un impulso que no podía evitar, como para decirme a mí misma la vida que me rodeaba. Entonces nunca pensé que fuera a ser escritora profesional. Ahora, sigo con la idea de descubrirme, de saber lo que de mí hay en los seres que observo, lo que ellos poseen y yo no, y eso me ayuda a entenderlos. Al escribir, por ejemplo, encuentro que dentro de mí hay otra que tal vez nunca seré; y por eso, a través de mis personajes me invento, soy lo que quizás no llegaré a ser. A través de mis personajes aprendo a verme a mí misma sin miedo, sin piedad, y trato de aceptarme como soy, y hago el mejor esfuerzo por aceptar al otro como es.

He hecho lo posible por darle a mis personajes un ritmo interno, una voz clara con la que se reconozcan con las miserias y pequeñeces que todos tenemos, una voz con la que se expresen como amantes, como esposos, como hijos, como esos seres contradictorios que somos. Así, en la escritura veo cumplidos mis deseos de alegrarme o sufrir, de vivir los extremos, de esconderme tras las palabras o desdoblarme. Escribir me ayuda a mitigar los golpes que nos da la vida y a gozar o sufrir las pasiones.

Comentarios de Silvia Molina para esta antología.

LA CASA NUEVA

A Elena Poniatowska

Claro que no creo en la suerte, mamá. Ya está usted como mi papá. No me diga que fue un soñador; era un enfermo —con el perdón de usted. ¿Qué otra cosa? Para mí, la fortuna está ahí o, de plano, no está. Nada de que nos vamos a sacar la lotería. ¿Cuál lotería? No, mamá. La vida no es ninguna ilusión; es la vida, y se acabó. Está bueno para los niños que creen en todo: "Te voy a traer la camita", y de tanto esperar, pues se van olvidando. Aunque le diré. A veces, pasa el tiempo y uno se niega a olvidar ciertas promesas; como aquella tarde en que mi papá me llevó a ver la casa nueva de la colonia Anzures.

El trayecto en el camión, desde la San Rafael, me pareció diferente, mamá. Como si fuera otro... Me iba fijando en los árboles —se llaman fresnos, insistía él—, en los camellones repletos de flores anaranjadas y amarillas —son girasoles y margaritas—, decía.

Miles de veces habíamos recorrido Melchor Ocampo, pero nunca hasta Gutemberg. La amplitud y la limpieza de las calles me gustaba cada vez más. No quería recordar la San Rafael, tan triste y tan vieja: "No está sucia, son los años" —repelaba usted siempre, mamá. ¿Se acuerda? Tampoco quería pensar en nuestra privada sin intimidad y sin agua.

Mi papá se detuvo antes de entrar y me preguntó:

—¿Qué te parece? Un sueño, ¿verdad?

Tenía la reja blanca, recién pintada. A través de ella vi por primera vez la casa nueva... La cuidaba un hombre uniformado. Se me hizo tan... igual que cuando usted compra una tela: olor a nuevo, a fresco, a ganas de sentirla.

Abrí bien los ojos, mamá. Él me llevaba de aquí para allá de la mano. Cuando subimos me dijo: "Ésta va a ser tu recámara". Había inflado el pecho y hasta parecía que se le cortaba la voz de la emoción. Para mí solita, pensé. Ya no tendría que dormir con mis hermanos. Apenas abrí una puerta, él se apresuró: "Para que guardes la ropa". Y la verdad, la puse allí, muy acomodadita en las tablas, y mis tres vestidos colgados, y mis tesoros en aquellos cajones. Me dieron ganas de saltar en la cama del gusto, pero él me detuvo y abrió la otra puerta: "Mira", murmuró, "un baño". Y yo me tendí con el pensamiento en aquella tina inmensa, suelto mi cuerpo para que el agua lo arrullara.

Luego me enseñó su recámara, su baño, su vestidor. Se enrollaba el bigote como cuando estaba ansioso. Y yo, mamá, la sospeché enlazada a él en esa camota —no se parecía en nada a la suya—, en la que harían sus cosas sin que sus hijos escucháramos. Después, salió usted recién bañada, olorosa a durazno, a manzana, a limpio. Contenta, mamá, muy contenta de haberlo abrazado a solas, sin la perturbación ni los lloridos de mis hermanos.

Pasamos por el cuarto de las niñas, rosa como sus mejillas y las camitas gemelas; y luego, mamá, por el cuarto de los niños que "ya verás, acá van a poner los cochecitos y los soldados". Anduvimos por la sala, porque tenía sala; y por el comedor y por la cocina y por el cuarto de lavar y planchar. Me subió hasta la azotea y me bajó de prisa porque "tienes que ver el cuarto para mi restirador". Y lo encerré ahí para que hiciera sus dibujos sin gritos ni peleas, sin niños cállense que su papá está trabajando, que se quema las pestañas de dibujante para darnos de comer.

No quería irme de allí nunca, mamá. Aun encerrada viviría feliz. Esperaría a que llegaran ustedes, miraría las paredes lisitas, me sentaría en los pisos de mosaico, en las alfombras, en la sala acojinada; me bañaría en cada uno de los baños; subiría y bajaría cientos, miles de veces, la escalera de piedra y la de caracol; hornearía muchos panes para saborearlos despacito en el comedor. Allí esperaría la llegada de usted, mamá, la de Anita, de Rebe, de Gonza, del bebé, y mientras también escribiría una composición para la escuela: *La casa nueva.*

En esta casa, mi familia va a ser feliz. Mi mamá no se volverá a quejar de la mugre en que vivimos. Mi papá no irá a la cantina; llegará temprano a dibujar. Yo voy a tener mi cuartito, mío, para mí solita; y mis hermanos...

No sé qué me dio por soltarme de su mano, mamá. Corrí escaleras arriba, a mi recámara, a verla otra vez, a mirar bien los muebles y su gran ventanal; y toqué la cama para estar segura de que no era una de tantas promesas de mi papá, que allí estaba todo tan real como yo misma, cuando el hombre uniformado me ordenó:

—Bájate, vamos a cerrar.

Casi ruedo por las escaleras, el corazón se me salía por la boca:

—¿Cómo que van a cerrar, papá? ¿No es mi recámara?

Ni con el tiempo he podido olvidar: que iba a ser nuestra cuando se hiciera la rifa.

CARMEN NARANJO

Cuando inventé las mariposas

COSTA RICA

CARMEN NARANJO nació en Cartago, Costa Rica, en 1928 y ostenta grados de varias universidades de su país y del exterior. Mujer polifacética, asumió durante su vida cargos variados y decisivos en la vida institucional de su país. Fue consultora para la OEA y representante de UNICEF en México y Centroamérica. Se desempeñó además como Embajadora de Costa Rica en Israel y más tarde como Ministra de Cultura, Juventud y Deportes de Costa Rica. Ha participado en múltiples actividades relacionadas con la cultura y, en particular, con la literatura. Tiene a su haber una vastísima obra como articulista, ensayista, poeta y dramaturga. De su extensa obra narrativa sobresalen sus novelas: *Los perros no ladraron* (1966), *Memorias de un hombre palabra* (1968), *Responso por el niño Juan Manuel* (1971) y *Diario de una multitud* (1974), y sus libros de cuentos *Hoy es un largo día* (1972) y *Otro rumbo para la rumba* (1989).

Escribir es sacarse de adentro lo que uno ha pensado y ponerlo en muy buen español, siempre innovando, apoderándose de la lengua. Siempre quiero que la gente se encuentre a través de la literatura.

Me alegra que la gente experimente, que no siga moldes, sino su propia forma de contar y decir. Nosotros no venimos de una literatura de grandes tradiciones como la que se puede ver a lo largo de Latinoamérica, que desde la época colonial ya tenía escritores, gente que daba testimonio de los hechos vividos. Costa Rica empieza por el folclor como muchas literaturas costumbristas, pero realmente es una literatura nueva. Lo mejor que se puede hacer es innovar, desprenderse de la modas y decir realmente lo que se quiere trasladar al público. Este momento es inquietante y no podía menos que tener una literatura que nos hable de nuestras constantes crisis.

Toda la literatura se escribe en partes, pues a veces no se dispone del tiempo necesario, o el cuerpo no resiste las jornadas que exige la literatura: uno deja un punto y cuando vuelve a escribir debe revisar todo lo que se había hecho; ésa es la labor más tediosa de la literatura, retomar por dónde iba. Casi siempre uno tiene un guión que no se cumple, que acaba por ser una mera referencia.

Extractos de un reportaje realizado por Carlos Morales y Manuel Bermúdez para el periódico Universidad, *(Costa Rica, 17 de febrero de 1995).*

CUANDO INVENTÉ LAS MARIPOSAS

L a besé en la mejilla, al fin perdí el miedo y la virginidad, apenas a tiempo, porque ya Nicolás no sólo le había cogido la mano a Ana sino que también la besó en la oreja, le dijo linda y ella se sonrió. Cerré los ojos en espera de la bofetada, era mejor no verla, pero nada. Supuse que Clotilde estaría furiosa; cuando abrí los ojos ella parecía metida dentro de sí misma, distraída en otra cosa, como si soñara o estuviera pensando en algo muy profundo. A lo mejor así se ponen las mujeres cuando las besan o tal vez ni se dio cuenta de que la había besado.

Entonces moviste tu pava desordenada y me dijiste como si despertaras de un sueño: claro, las haré de las piedrecitas porque son lindas y no deben ser tan inmóviles, tienen derecho a volar y que el gris se deshaga en colores.

Creí que jugabas y me hablabas en enredado, pues resulta una forma de ocultar las emociones. Cuando te concentrás tanto en lo que tenés entre manos, se te ponen las mejillas rosadas y los ojos húmedos. Así te pasa cuando hacemos la tarea juntos y te pegás en una suma mal hecha, o debemos redactar un ejercicio sobre la vida en familia y te digo que no pongás la verdad sino lo natural, que tus padres nunca pelean, que se quieren mucho, que todo anda a la perfección y adorás a tus hermanos, pero a vos Clo te da por escribir que hay problemas, serios problemas que no entendés pero son graves y que tu papá cada mes hace las valijas y jura no volverlos a ver y que todos lloran con los gritos y las cosas que se rompen. Y te pasa lo mismo, te llaman a la dirección y luego reúnen a tus padres, lo que resulta siempre en que te castigan por andar divulgando las cosas íntimas de la casa.

Y me preguntás con tus ojos inocentes y brillantes: ¿Creés firmemente que Dios inventó cuanto existe en el cielo y en la tierra? Claro que sí, alguien tuvo que ser y ése fue Dios. Y ¿no dejó lugar para inventar algo, algo nuevo, que tenga una vida nueva y ande en ese espacio que hay entre el cielo y la tierra? Te contesto que no, todo está inventado y te propongo que vayamos al parque, para jugar bola y así sentir que la tirás con suavidad, con amor y con esa alegría que tanto cuesta que te suba por la cara, mi querida Cloti.

Vamos al parque, pero no me tirás la bola, preferís juntar piedras y confesarme que querés inventar una cosa nueva, algo así como las mariposas. Me decís: Te imaginás la felicidad de Dios cuando las creó, cómo le salían de sus manos bailando, cómo se le trepaban audaces por la cabeza y lo hacían estornudar, así como pensar que era un juego de luces y de colores que irritaría a los hombres malos y en cambio a los buenos les depararía mucho entretenimiento.

Y te bajo de las nubes porque las mariposas ya se crearon, las creó Dios y las hizo venir de la fealdad porque primero eran gusanos, horribles y asquerosos gusanos que dan miedo, y sólo podían ser bellas un momento. Te callás,

Clotilde, por un buen rato y te volvés a meter dentro de vos misma mientras acariciás las piedras. Entonces te propongo ir a ver qué dan en el cine por si más adelante podemos verla juntos, y no te lo digo pero lo pienso, probar si en la parte más interesante cojo tu mano y oigo que sonreís por dentro que es como te gusta sonreír cuando estás alegre.

Llegamos al cine y me preguntás si Dios también hizo el edificio y la película. Claro que no, pero creó el cerebro humano con capacidad de creación y así el hombre puede hacer cosas secundarias constantemente, pero no cosas fundamentales como la tierra, las estrellas, el cielo y todo lo demás que tiene su propio universo.

Estoy seguro que Clo se enreda demasiado, piensa más de la cuenta y padece de manías, no sería extraño que fuera sonámbula y se levantara dormida a buscar cómo se encuentra algún poder de Dios. Me asustan un poco sus silencios y esa forma que tiene de meterse en un mundo para mí desconocido.

La beso por segunda vez en la mejilla, ya seguro de que no se dará cuenta, mientras Clo inclina la frente para recostarla en el vidrio y contemplar las piedras de anillos, brazaletes y collares que se venden en aquella joyería del centro. No te parece idiota que la gente pague tanto por estas pequeñas piedras mientras las otras, las de los ríos, las de los parques, las de las montañas, las verdaderamente hermosas, nadie las tome en cuenta. Y no te contesto porque estás fabricando inventos bajo esa pava desordenada.

Cuando llegaron los exámenes, te vi pálida y casi febril, sabía que estudiabas como loca porque tus padres no aceptaron nunca una mala nota, ni siquiera regular. Ya para esa época te había besado cinco veces en cada una de tus mejillas sin que te dieras cuenta.

Hablé con Nicolás de hombre a hombre, para saber si todo aquello era válido o no tenía valor alguno para mis experiencias y virginidad. Me contestó que no, no había resultado alguno, porque en todos los casos lo que importa es la respuesta y en el caso de Cloti no había ninguna, ni siquiera se daba cuenta. En el extremo de que sea muy hipócrita y finja no sentir lo que siente, el hecho de que no se dé por aludida es muy concreto. En la experiencia debe haber intercambio y en tu caso no hay nada, salvo en lo de tu parte que resulta demasiado solitaria. Te aconsejo cambiar, no sólo la Clo existe, está la Cecilia, la Flora y la Tatiana que todavía no tienen quien las acompañe al salir de clase y les lleve los útiles y las deje una cuadra antes de llegar a su casa.

De las tres mencionadas, prefería a la Ceci, aunque andaba con frenillo y era sopeta. Por muchos días y días vi de lejos a Cloti, pero la sentía muy cerca, con su empeño de inventar lo inventado. Y supe, con dolor, que salió pésimo en los exámenes, que casi la malmatan en la casa y que se había echado la pava para atrás.

No fue sino ya casi al principio del curso, que me fui a matricular, cuando juntos vimos la lista de los aprobados en la última oportunidad. Allí estaba ella. Hizo un círculo rojo sobre su nombre con alas de mariposa. Ves, me dijo, cuando me lo propongo, lo logro.

Ya en la calle, le pregunté qué hay de nuevo. Tengo mucho que contarte. Yo también, y pensé en todo lo que le diría de Ceci para darle celos. ¿Nos encontramos a las tres en el parque, como siempre?

Como siempre, pero qué criatura esta Clo, ni siquiera se ha dado cuenta de que ya hace más de seis meses que no nos vemos en el parque, ni nos hablamos, ni la beso en la mejilla.

Desde las dos la espero en el parque y llega a las tres en punto, con una sonrisa por fuera, la primera que le veo. Y ¿qué me tenés que contar? Lo más hermoso que me sucederá en mi vida entera, logré inventar una mariposa. No te podés imaginar lo que es, simplemente maravilloso. Empecé con fe, nada de trucos, pura fe, tiré las primeras piedras al viento y piedras cayeron, tiré el segundo grupo y lo mismo, tiré el tercer grupo sin resultado, pero mi fe estaba intacta, tiré el cuarto, el quinto y el sexto, ya con esas malditas dudas, y el sétimo lo tiré por tirarlo, segura de que no pasaría nada, ¿cómo iba a lograr yo un milagro?, y el octavo casi lo lancé para deshacerme de él, no me quedaba ni una pizca de esperanza. Y ¿qué creés que pasó? Una piedrecita, la que estaba como carcomida, la más triste, la más opaca, empezó a hincharse, a dar vueltas sobre sí misma, y creció y creció como enmarañándose ella solita, parecía que hilaba temblorosa todos los afanes, junto a las dudas y la fe, era un revoltijo espantoso, parecía loca o metida en un pleito de familia, hasta que salió un ala con puntos rojos, amarillos, verdes y azules de puñales, con una textura transparente, y otra ala que se repetía igual en colores y en formas, ya redondas, ya triangulares, ya de remates armónicos ahí mismo donde parece agotarse la imaginación creativa. Las dos alas iguales sacudieron su deseo de volar y en el centro iba el gusano, completamente embellecido, tan esbelto, tan lleno de color y pudo elevarse, danzar en el aire, embriagarse con la luz y revolotear por encima de todo como si dominara el espacio entre el cielo y la tierra.

Te veo en toda tu belleza y me avergüenzo de haber besado tus mejillas cuando metida dentro de vos misma estabas en pleno acto de creación. La pava ha vuelto a caer sobre tu frente, desordenada y rubia, también era desordenado tu rubor en la mejilla, *repartido fuerte* cerca de la nariz y más débil en el ángulo que se acercaba a los ojos.

Te pido una de las piedras que traés entre tus manos y te propongo con tu fe de milagros inventar otra mariposa. Me decís que sí, que la fe de los dos juntos la hará volar. La tiro con suavidad, con ganas de que no se maltrate, y casi no llega a caer, empieza a volar amarilla con estrellas de azul marítimo y manchas de color ladrillo. Estoy a punto de no creer nada, pero recuerdo que yo te he creado, Clo de las fantasías, y te había besado en el aire de tu presencia ausente, porque *tenía* que vencer mi virginidad estacionada en las Clotildes que no existen y *necesito* inventarlas para besarlas sin que se den cuenta en los largos veranos de mis soledades.

MONTSERRAT ORDÓÑEZ

Una niña mala

COLOMBIA

Foto: Gabriel Anzola

MONTSERRAT ORDÓÑEZ VILÁ es colombiana, nacida en Barcelona, España, en el 1941. Posee un doctorado en Literatura Comparada de la Universidad de Wisconsin y se desempeña como profesora titular de la Universidad de Los Andes en Bogotá. Ha sido profesora invitada en universidades de Inglaterra, Alemania y los Estados Unidos. Es poeta, traductora, editora y ensayista y ha publicado numerosos trabajos sobre autores colombianos y latinoamericanos en revistas nacionales e internacionales. Sus publicaciones incluyen, entre otras, *Ekdysis* (poesía); la compilación de textos *La vorágine: Textos críticos;* un estudio sobre Soledad Acosta de Samper titulado *Una nueva lectura* y la versión en español del libro compilado por Diane E. Marting, *Escrituras de Hispanoamérica: Una guía bio-bibliográfica.*

Como le decía Milena Jesenska a Kafka, creo que dos horas de vida son muchísimo más que dos páginas escritas. Pero escribo porque lo que quiero decir no aprendí a trasmitirlo con la danza, ni con el silencio, ni con el gesto, ni siquiera con el amor, y si no lo escribo lo olvidaré y sin memoria me quedaré sin vida, sin esa única vida de azar en contra del azahar, tan vulnerable, tan prescindible.

Escribir no es fácil, porque para llegar hasta la página hay que vencer nuevas barreras cada día, porque es un oficio que se practica sin fin, una carrera sin meta. No es una actividad natural, a la que el cuerpo se entregue como al agua, al sol, al sueño, a la comida, o al amor. Es una decisión, a veces demencial. Un tiempo sin reloj, papeleras que se llenan, letras que bailan, libros que caminan, caras alucinadas. Escribir no es libertad, porque la persona que escribe vive torturada en un espacio de espejos y de aristas, entre lo ya escrito, lo que escribe, lo que quiere escribir, lo que nunca escribirá. No es permanencia, porque su escritura es ajena y no le evitará los desgarros de sus muertes. Es una extraña forma de vivir, una mediación despellejada, que remplaza mucha vida pero no la oculta ni la ignora. Y sin embargo, la persona que quiere escribir y no lo hace, vive y muere condenada. Por eso, hablar de la escritura y del oficio de escribir es suicida. Los que hoy queremos seguir viviendo con palabras, debemos ahora, ya, callarnos e irnos a nuestro posible o imposible rincón y escribir, escribir para poder morir en paz.

Comentarios de Montserrat Ordóñez tomados de "El oficio de escribir", publicado en Women Writers in Twentieth Century Spain and Spanish America, *Catherine Davies, Ed., Edwin Meller Press, Lewiston, New York, 1993.*

UNA NIÑA MALA

Her power is her own.
She will not give it away.
Sandra Cisneros
The House on Mango Street

Quiero ser una niña mala y no lavar nunca los platos y escaparme de casa. No voy a explicarle las tareas a nadie, ni a tender la cama. No quiero esperar en el balcón, suspirando y aguantando lágrimas, la llegada de papá. Ni con mamá ni con nadie. Cuando sea una niña mala gritaré, lloraré dando alaridos hasta que la casa se caiga. Cuando sea una niña mala no voy a volver a marearme y a vomitar. Porque no voy a subir al auto que no quiero, para dar las vueltas y los paseos que no quiero, ni voy a comer lo que no quiero, ni a temer que alguien diga si vomitas te lo tragas, pero a papá no se lo hacen tragar. Yo voy a ser una niña mala y sólo voy a vomitar cuando me dé la gana, no cuando me obliguen a comer.

Llegaré con rastros de lápiz rojo en la camisa, oleré a sudor y a trago y me acostaré con la ropa sucia puesta, y roncaré hasta despertar a toda la familia. Todos despiertos, cada uno callado en su rincón, respirando miedo. Quiero ser el ogro y comerme a todos los niños, especialmente a los que no duermen mientras yo ronco y me ahogo. Porque los niños cobardes me irritan. Quiero niños malos, y quiero una niña mala que no se asusta por nada. No le importa ni la pintura ni la sangre, prefiere las piedras al pan para dejar su rastro, y aúlla con las estrellas y baila con su gato junto a la hoguera. Ésa es la niña que voy a ser. Una niña valiente que puede abrir y cerrar la puerta, abrir y cerrar la boca. Decir que sí y decir que no cuando le venga en gana, y saber cuándo le da la gana. Una niña mojada, los pies húmedos en un charco de lágrimas, los ojos de fuego.

La niña mala no tendrá que hacer visitas ni saludar, pie atrás y reverencia, ni sentarse con la falda extendida, las manos quietas, sin cruzar las piernas. Las cruzará, el tobillo sobre la rodilla, y las abrirá, el ángulo de más de noventa, la cabeza alta y la espalda ancha y larga, y se tocará donde le provoque. No volverá a hacer tareas, ni a llevar maleta, ni a dejarse hacer las trenzas, a tirones, cada madrugada, entre el huevo y el café. Nadie le pondrá lazos en la coronilla ni le tomarán fotos aterradas. Tendrá pelo de loba y se sacudirá desde las orejas hasta la cola antes de enfrentarse al bosque.

No me paren bolas, gritará la niña mala que quiere estar sola. No me miren. No me toquen. Sola, solita, se subirá con el gato a sillas y armarios, destapará cajas y bajará libros de estantes prohibidos. Cuando tenga su casa y cierre la puerta, no entrará el hambre del alma, ni los monos amaestrados, ni curas ni monjas. El aire de la tarde la envolverá en sol transparente. Las palomas y las mirlas saltarán en el techo y las terrazas, y las plumas la esperarán en los rincones más secretos y se confundirán con los lápices y las almohadas. Se colarán gatos y ladrones y tal vez alguna rata, por error, porque sí, porque van a lo suyo, de paso, y no saben de niñitas, ni buenas ni malas. Armará una cueva para aullar y para reír. Para jugar y bailar y enroscarse. Para relamerse.

Ahora el balcón ya está cerrado. El gato todavía recorre y revisa los alientos. Es tarde y la niña buena, sin una lágrima, se acurruca y se duerme.

CRISTINA
PERI ROSSI

En la playa

URUGUAY

CRISTINA PERI ROSSI nació en Uruguay. Desde 1972 se exiló en España, donde desarrolla su trabajo de escritora, celebra seminarios en distintas universidades y colabora con artículos en revistas y periódicos. Cultiva la narrativa y la poesía. En 1992 fue galardonada con el premio Ciutat de Barcelona, por el mejor libro de poesía en castellano publicado en 1991, *Babel bárbara*. En 1994 recibió la Beca John Simon Guggenheim en la categoría de ficción. Sus publicaciones abarcan, además de España, muchos otros países europeos, tales como Alemania, Italia, Inglaterra y Holanda. También ha publicado en los Estados Unidos y en Israel. Algunos de sus libros más conocidos son *La tarde del dinosaurio, La rebelión de los niños, Solitario de amor, La nave de los locos, La última noche de Dostoievski* y *Babel bárbara*.

La vida de cada ser humano es muy limitada: nace con un solo sexo, una sola familia, un solo país. No puede elegir la época en que vive, ni el espacio: los emigrantes suelen ser mal recibidos en todas partes. Tampoco elige la clase social, ni la salud, ni su rostro, ni su estatura. Frente a todas estas limitaciones, escribir me pareció, desde pequeña, una superación. Por ejemplo: puedo escribir desde el punto de vista del perro que nunca fui ni seré, o del hombre ——o de la mujer—— que no soy. Leer y escribir son, pues, superaciones de las fronteras históricas, de edad, de sexo y de biografía.

Pero la literatura no sirve sólo para conocer lo diferente, para retroceder ——o avanzar—— en el tiempo, para escaparse del propio sexo o del espacio. A veces, la literatura es un testimonio de los problemas, los conflictos y los dramas de la realidad. *La cabaña del tío Tom* fue un admirable testimonio de la vida de los negros esclavos en los Estados Unidos, del mismo modo que *Madame Bovary* es el retrato del hastío y de los sueños de una mujer de provincia. Y las anotaciones en las páginas de un cuaderno íntimo que hizo una adolescente judía, *Ana Frank*, son el testimonio más vívido y fiel de la persecución a un grupo humano por motivos de religión o de raza.

Ernesto Sábato tituló *Nunca más* el libro que recogía, uno por uno, los crímenes, torturas y desapariciones cometidas por la Junta Militar argentina durante la última dictadura. En el libro no hay una sola línea de ficción. Sin embargo, se trata de una tarea de escritor, de intelectual: la búsqueda de la verdad, otorgar voz al silencio, al dolor más íntimo, al deseo de justicia

Extracto de los comentarios que hizo la autora para esta edición.

En la playa

El agua golpeaba contra las rocas y la espuma se levantaba en el aire, lamiendo las piedras. El paisaje era perfecto, porque la iglesia estaba iluminada y la luna llena. Habían llegado dos días antes al balneario, ocupado una pieza en el hotel de tres estrellas cuya ventana se abría sobre la playa y no podían quejarse de la comida. Se levantaban temprano, desayunaban y cruzaban hacia la arena. Era un polvo marrón, más bien grueso, pegajoso, y resultaba muy difícil encontrar un sitio vacío donde instalarse. Los toldos se agrupaban unos junto a otros y toda intimidad estaba excluida. Por lo menos, en el reino de las buenas costumbres, que ellos no intentaban desafiar. Casi nunca habían querido desafiar a nadie ni a nada. Instintivamente, creían que acatando las normas más generales se preservaban de los peligros que acechaban a los disidentes, a los marginales, a los evadidos, a los opositores. También pensaban que esa suave actitud de acatamiento tenía su compensación: estos veinte días de vacaciones en un balneario de moda eran la recompensa a la obediencia, al cumplimiento de la ley.

De lejos, parecían hermanos. Rubios, de ojos claros, piel delicada, ropa discreta, hablar bajo, caminaban por la playa tomados de la mano y eran de la clase de gente a quienes jamás la brisa del atardecer los sorprende sin un abrigo en el bolso, por cualquier cosa. Ese sentido de previsión les valió ese día poder permanecer a la orilla del mar hasta la puesta del sol, cuando casi todo el mundo abandonó el lugar en virtud del fuerte relente nocturno. También se sintieron dichosos de que su buen sentido los premiara con esa maravillosa puesta de sol. Él se colocó sobre los hombros un pulóver gris que le había tejido su madre, ella uno azul que había comprado en una liquidación. Reconfortados por la lana, miraron el mar y el estallido de sol que se desangraba en el horizonte. Él enfocó a distancia y disparó sobre el sol. Lo mató instantáneamente. Satisfecho, rebobinó.

—Ha sido un crimen perfecto —dijo ella.

—No, querida, un trabajo un poco sucio: algunas manchas de sangre estropean la fotografía. Crímenes de ésos pueden comprarse muy baratos en todas las tiendas donde venden postales, pero uno siempre tiende a ejecutarlos por sí mismo.

La playa estaba vacía, todo el mundo había huido con las primeras brisas: a la gente le gusta mucho quemarse al sol, pero no soportan la posibilidad de un resfrío. Sólo una niña, pequeña, con un vestidito blanco se entretenía en la arena. No levantaba castillos, porque la arena le parecía un material harto liviano, ni dibujaba princesas ni caballos ni astronautas con su pala: miraba a la pareja. Era extremadamente solitaria y siempre le inspiraban curiosidad las parejas: hasta ese momento, nunca en su vida había experimentado la necesidad de compartir el silencio, la puesta de sol, el baño, nada.

—Esa niña debe haberse extraviado —comentó la mujer—. Pobrecita, llamémosla y averigüemos quiénes son sus padres.

—Ten cuidado, Alicia —contestó él—. Actualmente, los niños suelen ser muy peligrosos.

Había un desorden en las generaciones. Eso ya lo había observado el Papa, la Iglesia y el Ejército. Probablemente, un trastorno en los genes. Durante siglos, los padres se habían parecido a los hijos. En la actualidad, era difícil encontrar un padre parecido a su hijo. Inexplicablemente, se atribuía la infidelidad a los niños. El desorden podía haber sido provocado por la bomba atómica, las revoluciones fracasadas, la polución o la influencia del cine. O quizás era la comida. Cada vez la gente acostumbraba menos a comer en sus casas, prefería comer huevos fritos y salchichas en los *self-service* y en los restaurantes. Era alguno de esos factores, o todos juntos, como el cáncer.

—Nena —llamó dulcemente Alicia.

El sol se puso un poco más rojo. Él volvió a cargar la máquina, apuntó bien y disparó otra vez. Páfate. Miró su aparato, no muy convencido de su eficacia. Ya había dado muerte a varios paisajes, pero no estaba conforme. Sus vacaciones eran tan perfectas que seguramente no las olvidará jamás: tomaba fotografías para recordarlas. ¿Quién iba a confiar en la memoria?

—Nenita —insistió Alicia.

La niña los miró con escepticismo. Volvió despacio la cabeza, consideró que el paisaje era más digno de observación y se enfrascó en la contemplación del mar.

—Seguramente es extranjera, no debe comprender nuestro idioma —comentó Alicia.

—*Todos* son extranjeros —dijo él, empeñado en retirar el rollo de la cámara.

Ella lo miró sobresaltada. A veces hacía afirmaciones cuyo sentido, aunque aparentemente claro, resultaba ambiguo, dudoso, y no había cosa que la hiciera sentirse peor que la ambigüedad. ¿Qué había querido decirle? ¿Que en esa playa todos eran turistas? ¿Que todos los niños hablaban otro idioma? ¿Que la infancia era otro país?

—No lo creo. Tiene un aspecto bastante normal —aseguró ella.

—No pienses que los extranjeros son todos morenos y de narices anchas —agregó él.

De todas maneras, y pese a la indiferencia de su marido, prefería asegurarse. Le parecía una barbaridad que alguien dejara extraviada a una niñita a esas horas en la playa. Si no hubieran estado ellos allí —y estaban gracias a su sentido de la previsión y del orden que les había hecho poner dos pulóveres en el bolso de playa— con seguridad la niña hubiera podido sufrir cualquier percance, en manos de degenerados que recorrían la costa no bien entraba la noche. Los periódicos siempre contaban cosas así que sucedían en el extranjero, y la verdad es que el balneario estaba repleto de extranjeros. O hundirse en el agua. Algunos niños carecen del sentido de conservación, son como animalitos.

—¿Dónde estarán sus padres? —se preguntó ella, en voz alta. No tenía aspecto de huérfana. Cada día había menos huérfanos, por lo menos en el mundo que ellos frecuentaban. Con seguridad se debía a los adelantos de la medicina, que prolongaba la vida de los hombres. De las mujeres más aún, porque eran menos viciosas.

—En la piscina o bebiendo whisky en el bar del hotel —refunfuñó él. Había colocado el disparador del flash, porque quería tomarle unas fotografías a su mujer aunque el sol ya no la iluminara.

—Tendrás que hacer copias para enviar a casa —comentó ella. "Casa" seguía siendo la casa de sus padres. De sus abuelos. De sus tíos y tías. Le parecía muy agradable enviarles unas fotografías en color de las estupendas vacaciones que estaban pasando.

—Si la nena se acercara, le sacaría algunas fotos —dijo él—. He visto espléndidas fotografías de niños tomadas por aficionados.

—Nenita —volvió a llamar la mujer. No se decidía a moverse, por la secreta repugnancia que le causaba caminar sobre la arena, húmeda al atardecer.

Sorpresivamente, la niña se puso de pie, por decisión propia, absolutamente consciente de sus gestos y movimientos. Como si hubiera concluido a satisfacción una tarea, y ahora se desprendiera de los últimos quehaceres para salir a caminar. Como si hubiera cumplido una misión, y sintiera el placer mezclado con una especie de vacío que sobreviene entonces.

—Déjala que se acerque, le tomaré una instantánea —dijo él.

No recogió nada, porque nada tenía para recoger, ni miró hacia atrás, porque no dejaba nada detrás suyo, y caminó directamente hacia ellos. El vestidito blanco era sacudido por el viento.

—Pobrecita, nos ha entendido por fin, y viene a buscar protección, debe estar perdida y sentirá frío, con ese vestidito blanco.

Rápidamente la niña recorrió la distancia que los separaba y se detuvo junto a ellos. Permaneció de pie, mirándolos con curiosidad, observándolos fijamente. Ambos estaban sentados y cuando el marido oprimió el disparador, se dio cuenta de que tenía el flash descargado. La niña no reparó en este desgraciado accidente. Siguió de pie, metiéndose un dedo en la boca. Era un dedo rollizo e inteligente: por su extremidad rosada, ella había aprendido a conocer el mundo y a quererlo. A veces sabía a miel, a manzanas frescas, a polvo, a tomillo, a veces sabía a limón y le había enseñado a apartarse de las cosas calientes y de la gente de piel áspera y acre. Alicia estaba nerviosa, porque sabía cómo se disgustaba su marido cuando una foto no le salía, o le salía mal. La niña aprovechó el momento de distracción de la mujer, y con voz firme, autoritaria, les preguntó:

—¿De qué país son ustedes? —con acento perfecto, pero que demostraba que era una lengua aprendida.

—Somos de acá —respondió la mujer, sorprendida.

La niña se le aproximó muchísimo, observándole atentamente la piel de los brazos. Alicia se estremeció desagradablemente, sintiéndose auscultada. Tenía la piel llena de pecas, y le pareció que la niña deseaba tocárselas, verlas de cerca. Su marido continuaba preocupado por el flash. La niña se acercó más aún, de modo que ella pudiera oler su perfume a yodo, a mar, y, cuando ya tenía su naricita sobre las pecas de sus brazos, le preguntó, cortésmente:

—¿Qué son?

—¿Qué son qué? —casi gritó Alicia, indignada—. Son pecas, ¿nunca oíste hablar de ellas?

—En mi país no hay de esos animales —afirmó la niña, alargando su mano para tocarlas.

Alicia repelió el gesto con asco. La niña se asustó un poco, pero en seguida recuperó su interés y volvió a alargar el brazo. Pero esta vez, pidió permiso:

—¿Puedo tocártelos?

Ella no entendía por qué los extranjeros no enseñaban a sus hijos a guardar respeto a los adultos.

—No —contestó Alicia, tajante.

La niña no insistió. Mostró un olímpico desprecio hacia Alicia, y sólo comentó:

—Cuando vuelva a salir el sol, buscaré animales de ésos en la orilla. La orilla está llena. ¿Por qué ese señor saca fotografías?

Él se sobresaltó al escuchar la voz de la nena tan próxima a su oído. Había estado absorto tratando de solucionar el desperfecto de su flash, y no escuchó el diálogo anterior.

—¿Está o no perdida? —le preguntó a su mujer, ignorando la curiosidad de la niña.

—No puedo saberlo —dijo ella—. Es extranjera.

—Para ser extranjera, habla muy bien nuestro idioma —comentó él.

—Todos los niños tienen esa facilidad. Creo que nuestra lengua es muy agradable para ellos.

—No —dijo la niña, interviniendo en la conversación que ellos habían creído privada—. Yo pregunto por qué ese señor saca fotografías. No me gusta como ustedes dicen "caballo", ni me gusta como dicen "reloj". ¿Por qué han traído pulóveres?

—¿Dónde están tus padres? —preguntó Alicia, deseosa de no responder.

—En casa —contestó la niña, rápidamente—. Si la máquina mata al sol, la voy a tirar al agua.

—Nenita —intervino el hombre—, si quieres, te acompañamos hasta tu casa. ¿Quieres? ¿No tendrás frío?

—Yo nunca tengo frío —respondió—. El frío es viejo. ¿Mata al sol o no?

—¿Nunca viste una cámara fotográfica?

—Es extranjera —contemporizó Alicia, ahora que el diálogo se había vuelto hacia su marido—. Probablemente india. Quizás allí no existan cámaras fotográficas, o no son accesibles.

—Tengo un gato que ustedes no tienen —interrumpió la niña.

—¿*Un gato?* —se sobresaltó Alicia. No soportaba ninguna clase de animal doméstico. Ni de los otros.

—No creas —dijo su esposo—. Ya no quedan países tan atrasados. Sólo algunas tribus muy primitivas ignorarán lo que es una cámara fotográfica.

—Si quieres lo traigo —ofreció la niña. Parecía dispuesta a hacer concesiones.

—Ni se te ocurra —se alarmó Alicia—. Podemos llevarte hasta tu casa, y tú le darás de comer a tu gatico.

—No es gatico —dijo la nena—. Es un gatito. Y además, lo tengo en la playa.

—Con razón la arena de este balneario está tan sucia —reflexionó Alicia—. Gatico y gatito son sinónimos, niña. ¿Sabes lo que son sinónimos? —No esperó respuesta, explicó—: Dos palabras que significan lo mismo.

—No hay sin-ominos —dijo la niña—. Todas son diferentes.

—En los sonidos sí, pero el significado puede ser el mismo.

—No hay sin-ominos —insistió—. Todo es diferente.

—Es terca como una mula —se irritó él.

—Todos los niños son iguales —contemporizó Alicia.

—Todos son diferentes —aseguró la niña. ¿Estaba hablando de los niños o de los sinónimos, todavía?

—¿Dónde duermen? —preguntó de pronto.

—En nuestro hotel —contestó Alicia, orgullosamente.

—Los bichitos —dijo la niña, mirándole otra vez el brazo.

—Ya te dije que no son bichitos, ¿no entendiste?

—El hotel no es de ustedes.

—¿Qué hotel?

—Ése donde duermen. Tú dijiste: "Nuestro hotel".

—Es el que hemos alquilado —respondió el marido.

—Parece que te importa mucho el lenguaje —dijo la mujer.

—Puedo traer mi gatito y mostrárselo —ofreció otra vez la niña.

—No es necesario; otro día lo veremos —trató de disuadirla ella.

—No hay otro día —contestó la niña.

—¡Claro que lo hay! Para que veas: nosotros hemos reservado hotel por quince días más.

—Si él lo mata no hay más día.

—Nunca he matado al sol —dijo él, sonriendo.

—Al gato —aclaró la niña.

—No me gustan los gatos, pero jamás mataría a ninguno —se defendió.

—Es lo mismo —insistió—. Él se moriría. Yo tengo varios. En casas diferentes.

—¿Lo ves? —dijo ella—. Esta niña es hija de padres divorciados. Por eso se confunde. Yo no sé para qué la gente tiene hijos.

—Para perpetuar la especie —respondió la niña, con gran serenidad. Ambos se quedaron mudos, mirándola despavoridos. Había respondido como si se tratara de un manual.

—¿Tú sabes qué quiere decir perpetuar la especie? —le preguntó él, sorprendido.

—Sí —aseguró ella, muy satisfecha de haber respondido como le enseñaron en la escuela.

—Bueno, a ver, dinos qué quiere decir.

—No quiero —dijo ella.

—No sabes —contestó él.

—No, es que no quiero. Quiero mostrarles mi gatito.

—Es que no sabes.

—Es que no quiero.

—Aníbal, deja a esa niña en paz. Llevémosla a su casa, al hotel o donde sea.

—¿Por qué los dos nombres de ustedes empiezan con A?

—¿Cómo averiguaremos dónde vive? No la veo muy dispuesta a contestar —contestó él.

—El mío empieza con E.

—¿Y cómo sigue? —le preguntó. Quizás obtendría una seña de identidad.

—Euuuuyllarre —respondió la niña.

—Ése no es un nombre. No significa nada.

—Significa lo que yo quiero que signifique —sentenció ella. Había leído eso en alguna parte.

—¿Y qué quieres significar tú en este momento?

—Euuuuyllarre —contestó la niña.

—Eso no significa nada, no es un nombre, es un invento tuyo.

—Yo quiero llamarme ahora así —explicó.

—Y cuando no quieres llamarte así, ¿cómo te llaman?

—Como se les da la gana.

—No empecemos otra vez —intervino Alicia.

—Si no quieren ver a mi gato, igual tengo otro —dijo ella, orgullosamente.

—No queremos ver ni ése ni el otro —terció Alicia.

—Pues entonces les mostraré el otro más.

—Tampoco ése —dijo él.

—¿Y el gato que es el otro gato del otro más?

Me parece que estás atribuyéndote más gatos de los que tienes.

—Me parece que ustedes no son amigos de los gatos.

—Ni de las niñas —contestó él, irritado.

—Mi papá tampoco —dijo ella.

—¿No es amigo de las niñas o de los gatos? —preguntó él.

—Es amigo del gato, pero no del otro.

—¿Dónde vive tu papá —intentó averiguar otra vez Alicia.

—En la gatería.

—¿No querrás decir en la galería?

—Quiero decir en la gatería.

—Debe ser uno de esos extranjeros que se emborrachan por la noche en el bar del hotel.

—¿Y tu mamá? —insistió Alicia.

—¿Cuál? —preguntó ella.

—¿Cuántas madres tienes? —interrogó, asombrada.

Ella pareció reflexionar un rato, miró sus dedos, hizo algunos cálculos en el aire, y luego respondió:

—Una sola.

—¿Dónde vive?

—En casa —contestó.

—¿Y dónde está ahora?

Ella empezó a jugar con la arena.

—Antes estaba en la playa —respondió la niña.

—¿Te ha dejado sola? —preguntó Alicia, horrorizada.

—No. Yo la dejé sola para jugar con el gato.

—¿En qué lugar la dejaste? —preguntó el marido.

—En la gatería.

—Así no podremos adelantar nada —dijo Alicia, que se estaba empezando a preocupar—. Quizá si le ofreciéramos algo. A los niños es muy fácil seducirlos con comida.

—¿Quieres un sandwiche? —le ofreció el marido.

—Ya comí —dijo la niña.

—Puedes volver a hacerlo, si lo deseas.

—No. No quiero ponerme gorda como tú.

—Yo no estoy gordo —protestó él.

—Estás demasiado quieto, engordás.

—¿Quién te dijo que estoy demasiado quieto?

—La arena. No se mueve cuando tu estás quieto.

—Ya me moví bastante por el día de hoy.

—¿Por qué no empiezas a moverte para mañana? —preguntó ella, con su mejor inocencia.

—No me interesa. Me gusta hacer las cosas a su tiempo.

—¿Qué tiempo? —preguntó la niña.

—El que corresponde.

—No sé —dijo la niña.

—¿Qué es lo que no sabes?

—Cuál tiempo es corresponde.

—No hay tiempo corresponde. Dije que me gusta hacer las cosas a su tiempo.

—¿De quién?

—¿De quién qué?

—De quién tiempo.

—De cada cosa. Cada cosa tiene su tiempo.

—¿Cómo lo sabes?

—Porque me lo enseñaron de pequeño, no como a ti.

—¿Cuál es el tiempo de ella? —preguntó la niña, señalando a Alicia.

Él quedó sorprendido. Nunca se lo había puesto a pensar. Se entretuvo imaginando respuestas apropiadas, como por ejemplo: "Su tiempo es siempre". "Toda la vida". "Es el tiempo del amanecer y del verano". ¿El tiempo de la acción o el de la meditación? ¿El tiempo doméstico o acaso otra dimensión, menos habitual? Tuvo que elegir entre dos respuestas vagas: todos, o ninguno.

—Su tiempo es todos los tiempos —sentenció, al fin, muy contento de la frase que había construido. Ella se pavoneó un poco, orgullosa.

—Si no quiere ver a mi gato, no será el tiempo de mi gato.

—No nos importa que no sea el tiempo de tu gato, es el suyo y el mío.

—El mundo es ancho y ajeno —dijo la niña, contemplativamente, mirando hacia el cielo. Él tuvo la irritante sensación de no saber si les estaba tomando el pelo, o si hablaba en serio.

—¿De dónde sacaste esa frase tan bonita? —le preguntó irónicamente.

—De la escuela. Es un libro viejo. Todos los libros de la escuela son viejos.

—¿Qué crees tú que quiere decir eso?

—Nada. Que el mundo es ancho y ajeno.

—Estás repitiendo lo mismo.

—No hay sin-ominos, y yo estoy contra la interpretación.

—¿Qué quieres decirnos con que estás contra la interpretación?

—Mi padre tiene un libro que se llama Contra la interpretación.

—¿Qué te dije? —intervino Alicia—. Su padre debe ser un intelectual muerto de hambre. Así salen sus hijos.

Pero él estaba demasiado entusiasmado con la conversación. Y ofuscado.

—Todavía no me has dicho qué es la interpretación, y por qué estás en contra.

—Porque no hay sin-ominos.

—¿Tu padre te deja leer cualquier libro?

—No.

—Ah, eso me parece muy bien.

—No cualquiera, todos.

—¿Y a ti te gusta leer?

—No. Me gustan los títulos. Reflejos en tu ojo dorado.

—Déjate de decir disparates —se indignó—. Si no nos dices ahora mismo dónde deseas que te llevemos, nos iremos y te quedarás sola.

—Ustedes se quedarán solos —sentenció la niña, con seguridad, poniéndose de pie. De pronto se miraron asustados.

—Si yo me voy ustedes se quedan toda la noche y todo el día solos —repitió la niña.

Alicia se sintió incómoda.

—No hemos querido echarte —afirmó, tratando de apaciguar a la niña.

—Aunque les deje a mi gato, estarán completamente solos.

—Pero si nos gusta mucho tu compañía, puedes quedarte todo el tiempo que desees.

—Las noches son muy largas en los balnearios —comentó la niña, como si fuera un comentario sin importancia.

—Efectivamente —dijo él—. Es la diferencia con la ciudad.

—No hay nadie por ningún lado —agregó la niña.

—Y eso es horrible —confirmó Alicia.

—Con todo, yo podría irme y dejarles mi gato.

—Pero no, Euuuuyllarre, quédate, quédate con nosotros.

—Él les haría compañía.

—Pero tú lo cuidas mejor si nos acompañas y te quedas acá.

—Si tienen hambre, puedo ir a comprarles sandwiches.

Ambos se asustaron. Empezaron a sacar grandes cantidades de provisiones del bolso.

—¿Ves? ¿Ves? Hay comida suficiente para los tres.

—Para los siete, porque está mi gato, mi otro gato, el gato otro y el otro gato del otro gato.

—Para los siete alcanzará, Euuuuyllarre —aseguró él, tímidamente.

—Mis gatos están acostumbrados al agua y a comer pescado.

—Son unos gatos fantásticos y hermosísimos, Euuuuyllarre.

—Bueno, si es así, los acompañaré toda la noche. Siempre hay gente solitaria por la playa. Se aburren y no saben qué hacer.

ELENA PONIATOWSKA

Cine Prado

MÉXICO

Foto: Lucero González

ELENA PONIATOWSKA nació en París en 1933, pero en 1942 se trasladó junto con su familia a México. Practica el periodismo desde 1953 y en la actualidad colabora con una decena de revistas y periódicos. Ha recibido innumerables premios, distinciones, becas y doctorados *honoris causae* de universidades mexicanas y de los Estados Unidos. Su vastísima obra incluye cuentos, como *Los cuentos de Lilus Kikus* y *Sólo de noche vienes;* relatos como *Querido Diego, te abraza Quiela;* novelas, como *Hasta no verte Jesús mío* y *La flor de lis;* además de crónicas, como *Todo empezó en domingo, La noche de Tlatelolco, Fuerte es el silencio* y otras.

Mi trabajo literario está hecho un poco a base de diálogos. Son todas mis muletas porque yo creo que lo que yo hago sola va a ser muy malo, pero al mismo tiempo me doy cuenta de que invento muchas cosas... Muchas cosas no me las dicen en las entrevistas sino que las pongo porque me entusiasmo y las sigo haciendo. Yo soy ante todo periodista y desde que empecé a escribir en 1954 he escrito en los periódicos y recibo órdenes del trabajo que debo hacer. Recuerdo que el primer año hice 365 entrevistas, una entrevista diaria... y corría como una rata atarantada por toda la ciudad buscando a mis entrevistados. En México había mucho formalismo, mucha solemnidad. Se trataba de grandes figuras, a los pintores se les tomaba mucho en serio, hacían declaraciones siempre para la posteridad y talladas en piedra, a mí me parecía raro. Yo venía de un convento de monjas de Estados Unidos y no sabía quién era Diego Rivera y le preguntaba: "Y esos dientes, ¿son de leche? —"Sí, y con ellos me como a las niñas," —y a partir de eso arrancaba una entrevista bastante estúpida y la publicaban. La juventud lo salva a uno de todo. Este tipo de periodismo me ayudó en los proyectos futuros.

Extractos de una charla de la escritora en Smith College en 1982.

Señorita:

A partir de hoy, usted debe borrar mi nombre de la lista de sus admiradores. Tal vez debiera ocultarle esta deserción. Pero callándome, iría en contra de una integridad personal que jamás ha eludido los compromisos de la verdad. Al apartarme de usted, sigo un profundo viraje de mi espíritu, que se resuelve en el propósito final de no volver a contarme entre los espectadores de una película suya.

Esta tarde, más bien esta noche, me destruyó usted. Ignoro si le importa saberlo, pero soy un hombre hecho pedazos. ¿Se da usted cuenta? Soy un hombre que depende de una sombra engañosa, un hombre que persiguió su imagen en la pantalla de todos los cines de estreno y de barrio, un crítico enamorado que justificó sus peores actuaciones morales y que ahora jura separarse para siempre de usted, aunque el simple anuncio de *Fruto prohibido* haga vacilar su decisión...

Sentado en una cómoda butaca, fui uno de tantos. Un ser perdido en la anónima oscuridad, que de pronto se sintió atrapado en una tristeza individual, amarga y sin salida.

Entonces fui realmente yo, el solitario que sufre y que le escribe. Porque ninguna mano fraternal se ha extendido para estrechar la mía. Mientras usted destrozaba tranquilamente mi corazón en la pantalla, todos se sentían inflamados y felices. Hasta hubo un canalla que rió descaradamente, mientras yo la veía desfallecer en brazos de ese galán abominable que la llevó a usted al último extremo de la degradación humana... Y un hombre que pierde de golpe todos sus ideales ¿no le cuenta para nada señorita?

Hágame usted el favor de ser un poco más responsable de sus actos, y antes de firmar un contrato o de aceptar un compañero estelar, piense que un hombre como yo puede contarse entre el público futuro y recibir un golpe mortal. No hablo movido por los celos, pero, créame usted, en esta película: *Esclavas del deseo* fue besada, acariciada y agredida con exceso. No sé si mi memoria exagera, pero en la escena del cabaret no tenía usted por qué entreabrir los labios, desatar sus cabellos sobre los hombros y tolerar los procaces ademanes y los contoneos de aquel marinero que sale bostezando, después de sumergirla en el lecho revuelto y abandonarla como una embarcación que hace agua... Yo sé que los actores pierden en cierto modo su libre albedrío y que se hallan a merced de los caprichos de un autor masoquista; sé también que están obligados a seguir punto por punto todas las deficiencias y las falacias del texto que deben interpretar. Pero... permítame usted, a todo el mundo le queda, en el peor de los casos, un mínimo de iniciativa, una brizna de libertad, que usted no pudo o no quiso aprovechar.

Si se tomara la molestia, usted podría contestarme que desde su primera película aparecieron algunos de los rasgos de conducta que ahora le reprocho, y es cierto; es todavía más cierto que yo no tengo derecho ni disculpa para sentirme defraudado porque la acepté entonces a usted tal como es. Perdón, tal como creí que era. Como todos los desengañados, yo maldigo el día en que uní mi vida a su destino cinematográfico... ¡Y conste que la acepté toda opaca y principiante, cuando nadie la conocía y le dieron aquel papelito de trotacalles con las medias chuecas y los tacones carcomidos, papel que ninguna mujer decente habría sido capaz de aceptar!... Y sin embargo, yo la perdoné y en aquella sala indiferente y negra de mugre saludé la aparición de una estrella. Yo fui su descubridor, el único que supo asomarse a su alma, pese a su bolsa arruinada y a sus vueltas de carnero. Por lo que más quiera, perdóneme este brusco arrebato...

Se le cayó la máscara, señorita. Me he dado cuenta de la vileza de su engaño. Usted no es la criatura de delicias, la paloma frágil y tierna a la que yo estaba acostumbrado, la golondrina de otoñales revuelos, el rostro perdido entre gorgueras de encaje que yo soñé, sino una mala mujer hecha y derecha, novelera en el peor sentido de la palabra. De ahora en adelante, muy estimada señorita, usted irá por su camino y yo por el mío...

Siga usted trotando por las calles, que yo ya me caí como una rata en la alcantarilla. Y conste que lo de señorita se lo digo solamente para guardar las apariencias. Tómelo usted, si quiere, como una desesperada ironía.

Porque yo la he visto dar y dejarse dar besos en muchas películas. Pero antes, usted no alojaba a su dichoso compañero en el espíritu. Besaba usted sencillamente como todas las buenas actrices: como se besa apasionadamente a un muñeco de cartón. Porque, sépalo usted de una vez por todas, la única sensualidad que vale la pena es la que se nos da envuelta en alma, porque el alma envuelve entonces nuestro cuerpo, como la piel de la uva que comprime la pulpa... Antes, sus escenas de amor no me alteraban, porque siempre había en usted un rasgo de dignidad profanada, porque yo percibía siempre un íntimo rechazo, una falla en el último momento, que rescataba mi angustia y que me hacía feliz. Pero en *La rabia en el cuerpo*, con los ojos húmedos de amor, usted volvió hacia mí un rostro verdadero, ése que no quiero ver nunca más. Dígalo de una vez, usted está realmente enamorada de ese malvado, de ese comediante de quinta fila ¿no es cierto? Por lo menos todas las palabras, todas las promesas que le hizo, eran auténticas, y cada uno de sus ademanes y de sus gestos estaban respaldados por la decisión de su espíritu. ¿Por qué me ha engañado usted como engañan todas las mujeres, a base de máscaras sucesivas y distintas? ¿Por qué no me mostró de una vez el rostro desatado que ahora me atormenta?

Mi drama es casi metafísico y no le encuentro posible desenlace. Estoy solo en mi angustia... Bueno, debo confesar que mi esposa todo lo comprende y que a veces comparte mi consternación. Estábamos recién casados cuando fuimos a ver inocentemente su primera película, ¿se acuerda usted? Aquella del buzo atlético y estúpido que se fue al fondo del mar por culpa suya, con todo y escafandra... Yo salí del cine completamente trastornado, y habría sido una vana pretensión el ocultárselo a mi mujer. Ella, por lo demás, estuvo completamente de mi parte; y hubo de confesar que sus *deshabillés* son realmente espléndidos. No tuvo inconveniente en acompañarme al cine otras seis veces, creyendo de buena fe que la rutina iba a romper el encanto. Pero las cosas fueron empeorando a medida que se estrenaban sus películas. Nuestro presupuesto hogareño tuvo que sufrir importantes modificaciones, a fin de permitirnos frecuentar las pantallas unas tres veces por semana. Está por demás decir que después de cada sesión cinematográfica nos pasábamos el resto de la noche discutiendo... Al fin y al cabo, usted no era más que una sombra indefensa, una silueta de dos dimensiones, sujeta a las deficiencias de la luz. Y mi mujer aceptó buenamente tener como rival a un fantasma cuyas apariciones podían controlarse a voluntad. Pero no desaprovechaba la oportunidad de reírse a costa de usted y de mí. Recuerdo su regocijo aquella noche fatal en que, debido a un desajuste fotoeléctrico, usted habló durante diez minutos con una voz inhumana, de robot casi, que iba del falsete al bajo profundo... A propósito de su voz, sepa usted que me puse a estudiar el francés porque no podía conformarme con el resumen de los títulos en español, aberrantes y desabridos. Aprendí a descifrar el sonido melodioso de su voz, pero no pude evitar la comprensión de ciertas palabras atroces, que puestas en sus labios o aplicadas a usted me resultaron intolerables. Deploré aquellos tiempos en que llegaban a mí atenuadas por pudibundas traducciones; ahora, las recibo como bofetadas.

Lo más grave de todo es que mi mujer me está dando inquietantes muestras de mal humor. Las alusiones a usted, y a su conducta en la pantalla, son cada vez más frecuentes y feroces. Últimamente ha concentrado sus ataques en la ropa interior y dice que estoy hablándole en balde a una mujer sin fondo. Y hablando sinceramente, aquí entre nosotros, ¿a qué sale toda esa profusión de infames transparencias de tenebroso acetato, ese derroche de íntimas prendas negras? Si yo lo único que quiero hallar en usted es esa chispita triste y amarga que hay en sus ojos... Pero volvamos a mi mujer. Hace mohínes y la imita. Me arremeda también. Repite burlona algunas de mis quejas más lastimeras: "Los besos que me duelen en *Qué me duras*, me están ardiendo como quemaduras"... Desechando toda ocasión de afrontar el problema desde un ángulo puramente sentimental, echa mano de argumentos absurdos pero contundentes. Alega, nada menos, que usted es irreal y que ella es una mujer concreta. Y a fuerza de demostrármelo está acabando con todas mis ilusiones... No sé qué es lo que va a suceder si resulta cierto lo que aquí se rumorea, eso de que va usted a venir a filmar una película. ¡Por amor de Dios, quédese en su patria, señorita!

Sí, no quiero volver a verla, aunque cada vez que la música cede poco a poco y los hechos se van borrando en la pantalla, yo soy un hombre anonadado. Me refiero a esas tres letras crueles que ponen fin a la modesta felicidad de mis noches de amor, a dos pesos la luneta. Quisiera quedarme a vivir con usted en la película, pero siempre salgo remolcado del cine por mi mujer, que tiene la mala costumbre de ponerse de pie al primer síntoma de que el último rollo se está acabando...

Señorita, la dejo. No le pido siquiera un autógrafo, porque si llegara a mandármelo yo sería tal vez capaz de olvidar su traición imperdonable. Reciba esta carta como el homenaje final de un espíritu arruinado y perdóneme por haberla incluido entre mis sueños. Sí, he soñado con usted más de una noche, y nada tengo que envidiar a esos galanes de ocasión que cobran un sueldo por estrecharla en sus brazos, y que la seducen con palabras prestadas.

Créame sinceramente su servidor.

P.S. Se me olvidó decirle que le escribo desde la cárcel. Esta carta no habría llegado nunca a sus manos si yo no tuviera el temor de que le dieran noticias erróneas acerca de mí. Porque los periódicos están abusando aquí de este suceso ridículo: "Ayer por la noche, un desconocido, tal vez loco, tal vez borracho, fue corriendo hasta la pantalla del cine Prado y clavó un cuchillo en el pecho de Françoise Arnoul..."

Ya sé que es imposible, señorita, pero yo daría lo que no tengo con tal de que usted conservara en su pecho, para siempre, el recuerdo de esta certera puñalada.

MARIELLA SALA

El lenguado

PERÚ

Foto: Susana Pastor (TAFOS)

MARIELLA SALA nació en Lima, Perú, en 1952. Es escritora y periodista. En 1984 publicó su primer libro titulado *Desde el exilio*, el que fue reeditado en una versión aumentada en 1988. Sus cuentos han aparecido en diversas revistas y en antologías publicadas en español, inglés y alemán. En 1993 le otorgaron la distinción Hellmann-Hammett, por su labor de escritora y promotora cultural en el Centro Flora Tristán, donde dirigió el fondo editorial.

Durante muchos años busqué un tono para expresarme a través de la literatura. Fue la etapa del aprendizaje y la admiración a los grandes maestros. Finalmente encontré mi propia voz al empezar a escribir cuentos sobre el mundo interior de las mujeres, y pude narrar con mi propio estilo las historias de miles de personajes con los que compartía una vida cotidiana similar. Ahora lo que hago es escuchar esas otras voces, las voces de niños y niñas cuyas historias están esperando ser escritas. Cada cuento es un fragmento de una misma historia, la historia de una sensibilidad, un tiempo, un lugar, un balneario. El cuento "El lenguado", que escribí para mi primer libro, es el puente entre el descubrimiento de mi propia voz y la irrupción de las voces de los jóvenes.

Comentarios de la autora para esta edición.

El lenguado

Como todas las tardes, calentaba su cuerpo bajo el sol, la espalda tibia mientras demoraba el momento de darse el último chapuzón en el mar. Se acercaba la hora del lonche. Lo notó por las sombras que bajaban de los cerros y un ligero frío en el estómago que la hizo imaginar los panes recién salidos del horno de la única panadería del balneario. Jugó un rato más con la arena, mirando cómo los granitos se escurrían entre los dedos y caían blandamente. Era el tiempo evocado en el cuaderno de sexto grado. Escuchó entonces la voz de Margarita al otro lado de la playa. Venía corriendo como un potro desbocado.

—Adivina qué —dijo—, mañana me prestan el bote.

—¡Júrame que es verdad! —exclamó Johanna, entusiasmada.

—Lo juro —enfatizó solemnemente Margarita, y ambas cruzaron las manos tocándose las muñecas. Habían decidido que ésa sería su forma de juramentar y asegurar que las promesas se cumplieran.

Ambas rieron a carcajadas y fueron a bañarse en el mar para luego salir corriendo a pedir permiso a las mamás.

Toda la semana habían estado planeando el día de pesca y al fin les prestaban el "Delfín".

—Nos vamos a demorar, porque un remo está roto —advirtió Margarita mientras subían al pueblo.

—No importa —replicó rápidamente ella. Estaba tan contenta que ese detalle no tenía ninguna importancia. Más bien le propuso: Mañana nos levantamos temprano y compramos cosas para comer.

—De acuerdo —dijo Margarita, y se despidieron hasta la noche.

Cuando Johanna llegó al muelle al día siguiente, encontró a Margarita con los remos en ambos brazos. Los encargaron a un pescador amigo y fueron a comprar carnada; luego gaseosas y chocolates, pues ése sería su almuerzo. Gastaron toda su propina, pero sintieron que almorzarían mejor que nunca. Ya en el bote, respiraron profundamente dando inicio así a la aventura: el primer día de pesca de la temporada, la primera tarde que saldrían todo el día solas. El mar estaba brillante como todas las mañanas. Las gaviotas sobrevolaban el "Delfín".

—Esta vez no les damos nada, Marga —dijo Johanna mirando las gaviotas. Vamos a estar todo el día de pesca, y quién sabe si nos faltará. Se percibía una loca alegría en la entonación de su voz, y es que se sentía ¡tan importante!

—Pero si hay un montón de carnada; nunca hemos tenido tanta —respondió Marga, eufórica.

—Mujer precavida vale por dos —respondió con seriedad Johanna. Su madre siempre le decía esa frase y de pronto se sintió adulta.

Margarita se echó a reír y Johanna se contagió. Marga era su mejor amiga y no había nada que le gustara más que estar con ella. Además, eran las únicas chicas de doce años que todavía no querían tener enamorado, porque con ellos no podían hacer nada de lo que en verdad las divertía; por ejemplo, ir a pescar en bote. Cuando los hombres las acompañaban querían remar, colocarles la carnada; se hacían los que sabían todo y eso, a ellas, les daba mucha cólera.

Pasaron por la Casa Ballena y el Torreón con mucho cuidado de no golpear el "Delfín" contra las rocas en las partes más bajas del estrecho. Continuaron remando hasta dejar la bahía y ahí, en el mar abierto, comenzaron a apostar cuánto pescarían.

—Cuatro caballas, seis tramboyos y... veinte borrachos —adivinó divertida Johanna.

—Puro borracho, nomás —rió Margarita. Pero acuérdate que aunque pesquemos sólo anguilas, no podemos botar nada.

Parte del acuerdo entre ellas era dejar que todo el balneario viera lo que habían pescado fuera lo que fuera. Los llevarían todos colgados del cordel como habían visto hacer a algunos pescadores de anzuelo y también a sus padres; aunque, claro, ellos pescaban corvinas y lenguados enormes porque se iban mucho más lejos con *jeeps* que cruzaban los arenales y luego en botes de motor. Además acampaban durante varios días en playas solitarias, cocinando sus propios pescados o comiéndoselos crudos con un poco de limón.

—Yo voy a pescar un lenguado —sentenció Margarita. Te lo prometo.

—Para eso tendríamos que irnos más allá de Lobo Varado —contestó Johanna. Mira, si acabamos de salir de la bahía.

—Es cierto, y estoy cansada y con calor. ¿Qué tal si nos bañamos para después remar con más fuerza? —propuso. Johanna aceptó de inmediato.

Nadaron y bucearon un buen rato hasta que se percataron de que el bote se había alejado. Tuvieron que nadar rápidamente para lograr subirse a él. Como el bote era grande y pesado, avanzaba lentamente. Diez metros más allá, decidieron anclarlo para tentar suerte. Durante media hora no pescaron nada: puro yuyo no más. De pronto, Margarita gritó: "¡Es enorme, es enorme!" Tiraba del cordel con tanta fuerza que el bote parecía a punto de voltearse. Al fin salió. Era un borrachito pequeño que se movía con las justas, pues había sido pescado por el vientre.

—Bótalo —dijo Johanna desencantada, pero Margarita se molestó y le hizo recordar el pacto de llevar a tierra todo lo que pescaran.

Se movieron todavía unos metros más allá, alejándose siempre de las rocas. Recordaban muchas historias de ahogados cuyas embarcaciones se habían estrellado contra ellas, al subir sorpresivamente la marea. Luego de comer los chocolates y tomar un poco de agua gaseosa, intentaron nuevamente la pesca en un lugar que parecía más adecuado por el silencio que había, distante de las lanchas de motor que ahuyentaban a los peces.

Efectivamente, allí empezaron a pescar con bastante suerte. Margarita había pescado ya una caballa y tres tramboyos, además de montones de borrachos. Johanna tenía cuatro tramboyos; los borrachos no quería ni contarlos. Era la mejor hora del sol, y les provocó bañarse nuevamente; pero cuando Margarita se zambulló en el mar, Johanna —no supo por qué— echó su anzuelo una vez más. Casi inmediatamente sintió un leve tirón, justo en el momento en que Margarita la llamaba para que se uniera a ella. Levantó el anzuelo pensando que era un yuyo, porque no se movía mucho, y de pronto vio, saliendo del mar, un lenguado chico. Lo subió cuidadosamente. Se le cortaba la respiración. Sólo cuando lo tuvo bien seguro dentro del bote, pudo gritar.

—¡Un lenguado, Marga! ¡He pescado un lenguado!

Ella subió con un gran salto y quiso agarrarlo, pero Johanna no se lo permitió. Estaba muy nerviosa tratando de sacarle el anzuelo sin hacerle daño. Cuando lo liberó, lo miró con orgullo. Sentía que iba a estallar de alegría; pocas veces en su vida se había sentido tan feliz. Luego de darse un chapuzón, siguió pescando más entusiasmadamente que nunca, sabiendo ya que era capaz de sacar más lenguados y hasta una corvina. Margarita, por su parte, se había quedado callada, como resentida.

Atardecía cuando Margarita se empezó a aburrir. Tomaba gaseosa y la escupía al mar imaginándose que los peces subirían a tomarla.

—Mira, mira —decía. Se distingue el color anaranjado. ¿Tú no crees que los peces sientan un olor diferente y suban a ver qué es?

—Los peces no tienen olfato —respondió Johanna.

No sabía si era por la emoción del lenguado, pero ella no se cansaba de pescar, aunque sólo picaban borrachitos. Margarita se puso a contar los pescados. Ella tenía catorce y Johanna sólo doce, pero claro, ella tenía su lenguado. Marga se acercó para mirarlo.

—Es lindo —dijo—, pero está lleno de baba. Voy a lavarlo.

—¡No! —replicó Johanna. Se te va a caer.

—Pero míralo, está horrible —contestó ella de inmediato.

—Cuando terminemos de pescar los amarramos todos, y sólo entonces los lavamos —sentenció Johanna, porque sabía que la baba podía hacer que el lenguado se le deslizara de las manos.

Minutos después, sin embargo, Margarita se puso a lavarlo. Johanna entonces vio su rostro diferente, como si se hubiera transformado en otra persona. Una chispa extraña centelleaba en sus ojos y no se atrevió a decirle nada. De pronto Marga dijo, con una voz suave y ronca, extraña: se me resbaló. Johanna no podía creerlo. Sentía una sensación rara, desconocida hasta entonces. Algo como un derrumbamiento. Estaba a punto de llorar. En un instante había desaparecido de su mente la imagen que había guardado durante todo el día. Se había visto ya bajando del muelle con el lenguado, los rostros de sorpresa de todos los chicos del grupo, recibiendo las felicitaciones de los pescadores viejos, sintiéndose más cerca de ellos.

Por más que Margarita la consoló y prometió que pescaría otro igual para dárselo, no podía sacarse de encima esa horrible sensación. Sentía además que odiaba a su amiga. A pesar de ello, siguieron pescando en silencio hasta que se hizo de noche. En la playa las esperaban asustados, pensando que les había ocurrido algo malo, preparando el rescate con las anclas de los botes levantadas. Antes de bajar, Margarita quiso regalarle la caballa a Johanna, pero ella se negó con rabia. Sabía que no aceptarla significaba dejar de ser tan amigas como habían sido hasta entonces, pero ya nada le importaba. Cuando desembarcaron, Johanna quedó en silencio sin mostrar nada de lo que había pescado, mientras miraba de reojo a Margarita exhibiendo orgullosa su caballa. En ese instante Johanna comprendió que la dolorosa sensación que la embargaba, no era sólo por haber perdido un lenguado.

MILAGROS SOCORRO

Sangre en la boca

VENEZUELA

Foto: Ana María Yáñez

M ILAGROS SOCORRO nació en Maracaibo en 1960 y se crió en la región ganadera de Perijá, fronteriza con Colombia. En 1984 concluyó sus estudios de Periodismo en la Universidad de Zulia, donde también siguió cursos en Filosofía y Letras. Ejerce el periodismo desde 1979 en numerosos diarios y revistas venezolanos. En 1988 fundó en Maracaibo la revista *Babilonia*, de la que fue directora y, dos años después obtuvo el premio de narrativa en la "Primera Bienal Literaria Udón Pérez" con su libro de relatos *Una atmósfera de viaje*. Ha publicado también *Catia a tres voces* y *Alfonso "Chico" Carrasquel con la V en el pecho*, ambos del género testimonio. Actualmente cursa la maestría en Literatura en la Universidad Simón Bolívar de Caracas.

S i al sentarme a escribir se me ocurriera que voy a hacer literatura, me quedaría como un pollo en el congelador: paralizada, encogida y pálida. La tradición de gran escritura venezolana y latinoamericana se alzaría ante mí con sus puertas infranqueables y en las junturas un cartelito de "fuera a la advenediza". Por fortuna soy periodista y estoy entrenada para escribir casi cada día sin más ambición que dar cuenta de unos hechos, de sus antecedentes y, si me fuera dado, de sus secuelas. El cultivo de la entrevista me coloca, en cada ocasión, ante el afán de agudizar el oído para captar esa voz única del interlocutor y reproducirla en unas pocas páginas que transcriban el tono, la respiración, toda una atmósfera que rodea y recorta al sujeto del diálogo periodístico. De igual manera, la crónica —género de mi predilección— ensaya un temperamento de lo real, de la calle, y su escritura corre pareja al ritmo de los eventos; la crónica es la constatación de lo observado y cada visión impone su forma de ser contada. Por ese camino, cada relato —más largo, más corto— es simplemente el laboratorio de mi propia voz. Y tengo muchas. Por eso he decidido dedicarme a indagar el clima donde pululan estos personajes y sus historias y mientras lo hago, escribo. Para eso, para tomar nota de sus incertidumbres y de sus risas, con un cierto "estilo" que no es sino mi voz tantas veces cambiada. La literatura, para mi alivio, la acaparan los maestros.

Comentarios de la autora especialmente para esta edición.

Sangre en la boca

Incluso meses después del gran recibimiento, cada vez que Manolo Alvia se emborrachaba, se ponía a contar el momento en que un chorro de sangre saltó de la boca de sus oponentes indicando al mundo que él era el propietario de una medalla de plata en boxeo en las Olimpiadas de Montreal. Si contaba con un auditorio interesado, Alvia agregaba detalles con respecto a la estela roja en la lona y al sabor que la sangre de su contendor había dejado en su propia boca. Sus antiguos compañeros en Bébsara gritaban "aaag" y ése era el momento en que Judith, la esposa de Alvia, salía de un rincón para llevárselo a casa.

Es necesario recordar que la recepción que el pueblo de Bébsara organizó para su primer campeón olímpico fue verdaderamente extraordinaria. Claro que el júbilo había comenzado durante las eliminatorias del torneo olímpico, que Alvia parecía superar con la facilidad con que derribaba muchachitos en las arenas de Bébsara. En esos días el pueblo se cubrió de niños que peleaban con su propia sombra como la piña madura convoca las moscas en los mediodías de mayo. El día de su llegada, puede decirse que más de la mitad del pueblo se hallaba congregado en el matapalo que indica la entrada a Bébsara. El carro que lo transportaba pasó veloz a través de una pancarta decorada con su nombre y con dos enormes círculos plateados, puestos en cada extremo de la cinta. A los pocos metros el carro se detuvo y el campeón se bajó, se quitó la chaqueta y la corbata, tiró ambas prendas en el interior del vehículo y retó a los presentes a una carrera hasta el centro de Bébsara. El jubiloso maratón se inició con un impresionante rugido que no cesó hasta que el presidente del concejo municipal tomó el micrófono para ensalzar al héroe y hacerle promesas referidas al futuro que le esperaba en el bóxeo profesional del mundo.

Al acto en la Plaza Bolívar de Bébsara siguieron almuerzos, ruedas de prensa con la multitud de periodistas que invadió el pueblo, fiestas en el club de ganaderos y visitas a las escuelas. Por las noches se reunía con sus verdaderos amigos en parrandas que duraban hasta el amanecer. En aquellos días Judith estaba embarazada de su primer hijo, condición que le servía de excusa para sustraerse a los festines y sesiones de fotografías con la gente del barrio. Apenas si cambiaba palabra con Alvia porque a las diez de la mañana, cuando él regresaba del espeso sopor en que se había sumido nada más recibir la oleada de sangre ajena en la lejana Montreal, le preguntaba con su humildad habitual cuándo iba a ponerse a entrenar.

—El profesor Patiño estuvo por aquí, dice que ya viene el Torneo Batalla de Carabobo y que si no te preparas... —le decía extendiéndole una taza de café.

—Si no me preparo qué —le respondía él sacando una pierna de la hamaca—. Yo soy el campeón, los gringos me dieron una medalla, Patiño no es nadie en el boxeo.

Y era verdad. El nombre de Iván Patiño era completamente desconocido fuera de los dos o tres colegios donde daba clases de educación física a niños de primaria. Pero había sido él quien lo había visto pelear una tarde en el gimnasio, adivinando en el acto las grandes posibilidades de Alvia, en aquel tiempo un muchacho cuya protuberancia corporal más notable era la constituida por sus rodillas, que parecían pugnar por rajar su tostada piel. En descargo de los principales de Bébsara hay que decir que Patiño fue invitado a casi todos los actos de celebración, y que el propio presidente del concejo había dejado en sus manos la elección de un entrenador "profesional" que sería contratado inmediatamente en Maracaibo, "En Caracas si es preciso", había concluido, en medio de los vítores.

Pero las semanas fueron pasando y el entrenador profesional nunca se dejó ver, a pesar de que Patiño había consignado los nombres de tres muy buenos. Bébsara volvió a su vida. Judith tuvo a su hijo al que bautizó con el nombre de Ivan Darío, después de librar un verdadero pugilato con los amigotes de Alvia —y con él mismo— que habían decidido llamarlo Montreal. Y Manolo Alvia siguió encabezando las farras nocturnas, aguardando el momento en que sintiera las piernas bien flojas y la cabeza pesada para narrar, con detalles, el instante en que la cara del oponente se disolvió como manteca puesta al sol, bajo su puño poderoso, y una ráfaga de sangre le tiñó el protector dental. Una de esas noches, Patiño se presentó en el bar donde se reunían y antes de que Manolo iniciara su número estelar, lo agarró por los hombros y lo sacó a la calle. Lo golpeó dos veces con el puño cerrado y le dijo que lo esperaba al otro día en el gimnasio para comenzar a entrenar.

A las diez de la mañana siguiente, Alvia llegó al gimnasio. Todavía le esperaba un homenaje más conmovedor que todos los que lo habían precedido; más importante incluso que la foto publicada en la primera plana de todos los periódicos, donde Alvia aparecía junto —en realidad abrazado— al presidente de la República; todos los muchachos que estaban entrenando, absolutamente todos, hicieron un profundo silencio, y cuando Alvia se acercó a Patiño, rompieron a aplaudir. El campeón los miró a todos como si fuera la primera vez que alguien reconocía sus dotes y se abrazó a Patiño como si éste lo acabara de sacar de un río crecido.

Sin suspender completamente sus escarceos nocturnos, Alvia se sometió a los ejercicios que Patiño le imponía. En apenas tres meses sus piernas se habían debilitado notablemente. Pero sus manos imprimían un rasgo aéreo al enfrentarse con la pera de goma. Tan ágiles eran sus puños al volar hacia la pera que semejaban las alas de un tucusito, detenido y mínimamente vertical, al hundir su pico en una cayena. Patiño estaba preocupado por la afición de Alvia al licor, pero confiaba en que la belleza de sus propios puños terminaría arrastrándolo, sobrio y anhelante, al cuadrilátero.

Una tarde, concluida la sesión de carreras en un terreno baldío que Patiño vigilaba cronómetro en mano y la garganta ardiéndole de gritar, los dos entraron al gimnasio. Patiño se dirigió al fondo y Alvia se quedó parado en la puerta. Estaba embobado. En uno de los rines saltaba, con las rodillas vendadas, la criatura más extraña que él hubiera visto desde que había largado los primeros puñetazos en cualquier callejón de su infancia. En un momento, ella advirtió la presencia de Alvia y quiso examinarlo. El resplandor que abrasaba la puerta, a espaldas del campeón, lo dejaba sumido en las sombras. Pero ella sabía que era él.

Al poco rato, llegó Patiño y le notificó que un masajista vendría una vez por semana. Le mostró la carta oficial. Estaba preocupado por la lasitud de los músculos de su vientre. El masaje ayudaría pero él tenía que hacer mil flexiones cada día.

—¿Quién es ella? —lo interrumpió Alvia, sin atender ni un instante al asunto del masajista. Ya Patiño lo había sacado del gimnasio con leves empujones.

Pero Patiño no lo sabía. Apenas si la había visto alguna vez. "Parece que es una de esas marimachas". En realidad era un caso espectacular —y raro— de guajira de gran estatura y enormes ojos. Por las mañanas atendía un almacén que su padre tenía en un barrio llamado La Ranchería, donde vendía hamacas, botas, peines y cantimploras de plástico a los colombianos y guajiros que trabajaban como peones en las haciendas de las inmediaciones de Bébsara. Y a las tres de la tarde se iba al gimnasio a entrenar. Más bien, a obedecer las instrucciones que los entrenadores daban a los hombres; no había conseguido ninguno que quisiera conducirla a ella. A las ocho de la noche, cuando terminaba sus ejercicios, se soltaba el moño que llevaba muy alto en su cabeza y un estruendo de cabellos negros se deslizaba por su espalda, casi hasta la cintura. La primera vez que Alvia vio esto, sintió una punzada directamente en los testículos que le nubló la vista. Cuando se recuperó, ya ella había desaparecido.

La segunda palabrota de su vida debió soltarla Patiño la mañana que vio llegar a Alvia con Mireya de la mano. "Ella también va a entrenar", le anunció, como si fuera la cosa más normal del mundo. Lo primero que se le ocurrió al entrenador fue mandarlos al carajo a los dos, pero después pensó reconfortado que aquella mujer no iba a aguantar ni la primera media hora de la sesión, que aquel día iba a ser feroz. Nunca sabremos cuál de los dos dio cabida a mayor estupefacción cuando vieron a Mireya sortear, con apenas una leve cortinilla de sudor en el bigote, las dificultades que Patiño imponía con la impasividad de guardián de campo de concentración. Trotes, flexiones, salto de rana, levantamiento de piernas con el torso pegado al terreno hirviente, saltos a la cuerda, saltos rápidos, más rápidos. Ante la delectación de Patiño, la presencia de Mireya en el campo, lejos de constituir un obstáculo para el entrenamiento de Manolo, era más bien un acicate, una mano férrea que iba torciendo una cuerda hasta tensarla dentro de su pecho. En muchas ocasiones, Alvia pareció estar a punto de dejarse caer fulminado por el cansancio y la ira, pero la danza que a su lado ejecutaba Mireya en un fragor de muslos suaves y ojos relumbrantes, le daba nuevos bríos para intentar vencerla sobre la tierra, bajo un cielo despejado... y frente a la risita malvada de Patiño.

A Judith le habían llegado ciertos cuentos de una mujer, bruja y medio machona, que competía con Manolo en unas carreras que atravesaban los campos, hacían saltar la maleza y espantaban los zamuros. Pero su felicidad —total por aquellos días— le impedía pensar en otra cosa que en el entrenamiento de su campeón y en las tetadas que prodigaba a Montrealito, como —desoyendo los designios de la Pila— habían dado en llamar a su hijo. La única tachadura que afeaba la perfecta caligrafía de su vida eran las correrías a las que Alvia se entregaba todavía, de vez en cuando. Y eso, porque ella sabía que conspiraban contra su futuro en el boxeo mundial, no por otra cosa.

La primera vez que Manolo y Mireya se vieron a salvo de los gritos de Patiño, fue en un hotelito miserable, no lejos

218

del almacén del padre de ella. Cuando llegaron a la habitación, Alvia entró a orinar, con la puerta del baño cerrada. Estando allí escuchó el estrépito que hacía Mireya al mover los muebles del cuarto. Cuando salió, encontró la cama recostada contra una pared y la destartalada mesita de noche, decorada con un viejo radio —que permanecía sonando—, arrumbada en un rincón. Los dos tenían todavía la ropa de entrenar. Mireya fue hacia el rincón donde había dejado su enorme morral y sacó dos pares de guantes. Antes de que Alvia se recobrara de la sorpresa, sintió los guantes estrellarse contra su vientre. "Póntelos", ordenó ella mientras, a su vez, se colaba los suyos.

Cuando ambos estuvieron convenientemente enguantados se pusieron a dar saltitos, cada uno en una esquina de la habitación, mirándose a los ojos. De afuera se escuchaban las rancheras y los vallenatos mezclándose en un tercer género enloquecedor. Retazos de conversaciones a gritos, en castellano y guajiro, se colaban por las paredes del verde más llamativo que debían ofrecer los catálogos de la época en que fue pintado el cuartucho. Sin suspender la gravitación, Mireya soltó su pelo.

—Pegá aquí —le dijo de pronto a Alvia. El sonrió sin creerse la cosa.

—Pegá aquí —volvió a exigir ella, señalando con su puño enguantado la mejilla izquierda.

Alvia saltaba al son de un vallenato extraviado al final de la tarde. Tenía ganas de arrancarse los guantes y hacer de todos aquellos músculos una sola masa de saliva y semen. Pero ella estaba insistiendo, con ese acento guajiro que parecía devolver las palabras después de haberlas mascado largo rato y ablandado con una baba espesa. Sin anunciarlo, Alvia saltó de su rincón y obedeció. La sangre acudió de inmediato cubriendo la boca de Mireya y buena parte de su cara que se había hinchado repentinamente. Cuando la derribó, apenas había liberado su mano derecha. La otra quedó enguantada hasta que comenzó el segundo round.

Muy pronto estos encuentros se hicieron norma. Sin contar enteramente con su anuencia, Patiño comenzó a dejarlos frente al hotel al final de cada sesión de ejercicios. Cuando llegó la etapa en que Alvia debía volver a entrenar con otro boxeador sobre la lona, nadie pudo disuadirlo de hacerlo con Mireya. La primera vez que la inmensa muchacha estiró el ensogado para entrar al ring, Patiño sintió el helado tránsito de un rayo que recorrió su columna vertebral, haciéndolo enrojecer de vergüenza frente a los otros entrenadores e impávidos atletas que observaban la escena. Pero Mireya volvió a vencerlo en el terreno de la eficiencia. Patiño no hubiera podido encontrar mejor contendor aunque hubiera recorrido todos los gimnasios y callejones del territorio nacional. El único problema es que el entrenamiento transcurría en medio de una atmósfera de deseo tan palpable como si un telón de terciopelo hubiera caído sobre el cuadrilátero.

Las veladas con Mireya en el hotel exilaron a Alvia de los bares y de la casa que compartía con Judith. Le dejó las fotos, el flux, la medalla, y se llevó el resto de su ropa, un pequeño bulto que fue a parar a un rincón de la habitación de alquiler. En ocasiones, él y Mireya dejaban a Patiño esperando y se iban a entrenar a donde Mireya indicaba. Se iban hasta la Sierra de Bébsara y subían montañas al ritmo del cronómetro que Mireya regentaba con saña superior a la de Patiño. Recorrían enormes tramos del río contracorriente para que el esfuerzo fortaleciera sus piernas y el frío del agua templara los músculos del vientre. Terminaron por relegar completamente a Patiño y entregarse ellos, solos, a un perenne entrenamiento.

Por las noches, se embadurnaban de vaselina y fingían luchas cuerpo a cuerpo que los dejaban extenuados, desnudos y amagullados sobre el áspero piso de la habitación del hotel. Alvia no recordaba haber sido tan feliz en toda su vida. Pero Mireya comenzó a exigirle proezas físicas que ningún libro ha reseñado. Lo llevaba a extremos de agotamiento que nadie ha alcanzado fuera de un régimen de trabajos forzados. Por último, comenzó a gritarle insultos para lograr de él marcas superiores, lo perseguía, lo espoleaba, lo humillaba. Y lo esperaba en su lecho de cemento para seguir probándolo hasta el final.

Una noche en que Alvia estaba besándola en la garganta y aspirando el olor de su cabello, Mireya lo hizo levantar. Manolo le rogaba que se quedara allí, casi lloraba asegurándole que ya no podía más, le dolía milimétricamente cada parte de su cuerpo. Pero ella se puso a gritarle y a burlarse. Se puso de pie y le lanzó los guantes. A Manolo no le quedó otro remedio que obedecerla. Mireya lo azuzaba, saltando por todo el cuarto con el pelo revuelto como una nube de humo que se hubiera alzado en una montaña de miel.

—Pegá aquí —le decía—. Pegá aquí.

Alvia se levantó como pudo. Casi no podía verla, sólo distinguía una forma palpitante que lo arengaba con aquel tono de grito fraguado en una garganta potente para que cruzara un desierto. Lanzó el primer golpe y se estrelló contra una pared. Y así el segundo y el tercero. Varias veces dio con los codos en la tierra mirándola desde abajo con ojos suplicantes. Mireya proseguía con su danza de improperios, acercándose y alejándose sin dejar de atizarlo con sus burlas, hasta que se detuvo frente a él. Alvia respiró profundo, su brazo se convirtió en lanza solitaria que se disparara sobre un lago en calma y se hundió en la cara de Mireya. Cuando pudo enfocarla, ella estaba en el piso tendida, su pelo desparramado, y muy quieta. Sólo se veía fluir un cálido chorro de sangre que salía de su boca.

Impreso y encuadernado
en los Talleres Gráficos de Lerner Ltda.
Santafé de Bogotá, D.C. - 1996
Impreso en Colombia - Printed in Colombia